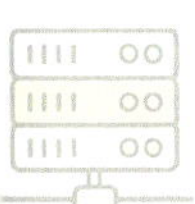
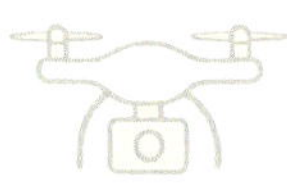

대경북스

부자 엄마

영업의신조이 지음

대｜경｜북｜스

부자엄마

초판 인쇄 2026년 3월 20일
초판 발행 2026년 3월 25일

지은이 영업의신조이(최영)

발행인 김영대
펴낸 곳 대경북스
등록번호 제 1-1003호
주소 서울시 강동구 천중로42길 45(길동 379-15) 2F
전화 (02) 485-1988, 485-2586~87
팩스 (02) 485-1488
쇼핑몰 https://smartstore.naver.com/dkbooksmall
e-mail dkbookss@naver.com

ISBN 979-11-7168-149-5 03320

온다경제학, 삶으로 스며들어 마침내 나를 살리는 경제학

경제는 멀리 있는 것이 아니었습니다. 뉴스 속 숫자도, 전문가들의 어려운 말도, 누군가의 투자 성공담도 아니었습니다. 경제는 늘 우리 식탁 위에 있었고, 장을 보는 손끝에 있었고, 아이 학원비를 계산하는 한숨 속에 있었으며, 오늘은 버티고 내일은 나아지길 바라는 엄마들의 마음속에 늘 살아 있었습니다. 그런데도 많은 여성들은 경제를 자신의 언어로 배우지 못한 채 살아왔습니다. 가족을 위해 누구보다 열심히 살았지만, 정작 돈의 흐름과 자산의 구조, 선택의 결과와 시간의 힘은 멀고 낯선 것으로 남겨두었습니다. 바로 그 지점

에서 저는 새로운 이름 하나를 꺼내 들고 싶었습니다. 그것이 바로 온다경제학입니다.

온다경제학의 '온'에는 여러 겹의 마음이 담겨 있습니다. 따뜻함이 있고, 차곡차곡 쌓아 올리는 축적이 있으며, 배우고 익히며 내 것으로 만들어 가는 학습이 있고, 삶을 조금 더 넉넉하게 만드는 여유가 있습니다. 그리고 그 모든 과정이 모여 결국 풍성함으로 향합니다. 그래서 온다경제학은 단지 돈을 버는 기술을 말하는 이름이 아닙니다. 그것은 삶을 지키는 경제, 나를 세우는 경제, 미래를 준비하는 경제, 그리고 결국 내 아이와 가족의 내일까지 품는 경제를 뜻합니다. 차갑고 계산적인 이론이 아니라, 내 삶에 실제로 와 닿고, 내 손에 잡히고, 내 선택을 바꾸고, 마침내 내 인생의 방향까지 바꾸는 살아 있는 경제학입니다.

온다경제학의 '온다'에는 따뜻함과 축적의 의미만 담겨 있는 것이 아닙니다. 그 안에는 영어 coming의 뜻도 함께 스며 있습니다. 이미 지나온 과거의 흐름을 돌아보는 데서 멈추지 않고, 지금 우리 앞에 도착해 있는 변화와 이미 시작된 산업의 움직임을 읽으며, 그 연장선 위에서 앞으로 다가올 미래의 방향까지 헤아리는 시선, 그것이 바로 온다경제학의 출발점입니다. 다시 말해 온다경제학은 과거에 이미 왔던 산업의 흐름과 지금 진행되고 있는 현재의 변화를 바탕으로, 아직 완전히 오지는 않았지만 분명히 오고 있는 미래의 흐름을 읽어내는 경제학입니다. 그래서 온다경제학은 막연한 예측이

나 낙관의 언어가 아닙니다. 이미 온 것과 지금 오고 있는 것을 구조적으로 이해함으로써, 앞으로 밀려올 변화의 물결 위에 우리의 노동과 자본을 미리 올려두도록 돕는 경제학입니다. 오늘 흘린 땀의 대가가 오늘의 소비로만 흩어지지 않고, 내일의 산업과 미래의 자본 위로 건너가도록 만드는 것, 바로 그것이 온다경제학의 핵심입니다.

이 책은 특히 오랜 시간 가족을 위해 자신의 가능성을 뒤로 미뤄 두었던 엄마들을 위해 쓰였습니다. 경력이 단절되었다는 이유로, 나이가 들었다는 이유로, 숫자에 약하다는 이유로, 이제는 늦었다고 스스로를 밀어내던 분들에게 저는 말하고 싶었습니다. 늦은 것이 아니라, 이제야 제대로 시작하는 것이라고. 경제를 안다는 것은 단지 부자가 되는 기술을 배우는 일이 아닙니다. 그것은 두려움 대신 구조를 보는 힘을 갖추는 일이고, 충동 대신 선택을 배우는 일이며, 불안 대신 준비하는 습관을 몸에 익히는 일입니다. 다시 말해 경제 공부는 돈의 문제가 아니라, 삶을 대하는 태도의 문제입니다.

온다경제학은 행동경제학의 통찰을 삶의 현장으로 끌어와, 우리가 왜 늘 같은 실수를 반복하는지, 왜 알면서도 행동하지 못하는지, 왜 돈 앞에서 흔들리고 미루고 두려워하는지를 정면으로 바라보게 합니다. 그리고 거기서 멈추지 않습니다. 이 책은 이해를 넘어 행동으로 가는 길을 보여주고자 합니다. 좋은 생각만으로는 삶이 바뀌지 않기 때문입니다. 작은 습관이 쌓여 방향이 되고, 방향이 쌓여 자산이 되며, 자산이 쌓여 결국 자유가 됩니다. 그래서 온다경제학은 삶을 바꾸는 행동 지침서가 되고자 합니다.

저는 이 책이 엄마들에게 미안함이나 조급함을 안기는 책이 되기를 원하지 않습니다. 오히려 이 책이 오래 미뤄두었던 자기 자신을 다시 만나게 하는 따뜻한 계기가 되기를 바랍니다. 가정을 돌보느라 자신의 미래를 뒤로 두었던 분들, 다시 일어서고 싶지만 어디서부터 시작해야 할지 막막한 분들, 경제적 자유를 꿈꾸지만 그것이 너무 멀게만 느껴졌던 분들에게 이 책은 말할 것입니다. 아직 늦지 않았다고. 지금부터 배우는 모든 것은 사라지지 않고 쌓일 것이며, 그 축적은 결국 당신의 시간과 선택과 삶을 바꾸게 될 것이라고.

온다경제학은 경제가 내 삶에 오는 길이며, 내가 내 미래로 걸어가는 길입니다.

이 책을 펼치는 순간, 경제는 더 이상 남의 이야기가 아니라 당신 자신의 이야기가 될 것입니다. 그리고 그날부터 당신의 삶에는 조금씩, 그러나 분명하게 새로운 변화가 오기 시작할 것입니다. 따뜻하게, 단단하게, 넉넉하게. 그렇게 경제가 오고, 기회가 오고, 자유가 옵니다.

바로 이제, 당신의 온다경제학이 시작됩니다.

차 례

부자 엄마는 다르게 생각한다

어느 순간부터 돈 이야기는 불편한 것이 되어 버렸습니다. 숫자와 계산이 어려워서만은 아니었을 것입니다. 돈을 떠올리는 순간마다, 숫자보다 먼저 마음속으로 밀려드는 얼굴들이 있었기 때문입니다. 나의 필요를 생각하기도 전에 아이의 얼굴이 먼저 떠오르고, 내 삶을 점검하기도 전에 가족의 일정과 사정이 먼저 겹쳐 올라오는 익숙한 반복 속에서, 엄마는 늘 가장 마지막에 남겨지는 사람이 되었습니다.

새 운동화를 사야 할 때가 이미 지났다는 사실을 알고 있었을 것입니다. 오래 신은 운동화의 밑창은 닳아 있었고, 발볼은 조금씩 넓어져 걸을 때마다 아주 미세한 불편이 몸을 타고 올라왔을지도 모릅니다. 그러나 새 학기가 다가오면 검색창에는 늘 아이 운동화와 실내화가 먼저 떠올랐을 것입니다. 디자인보다 발에 잘 맞는지, 가격에 비해 오래 신을 수 있는지를 먼저 살피다 보면 내 운동화는 자연스럽게 다음 달로, 또 그다음 달로 밀려났을지도 모릅니다. 그 미룸은 거창한 희생이 아니라 너무도 익숙한 습관처럼 느껴졌을 것입니다.

가방도 그랬을 것입니다. 십 년 넘게 사용한 가방의 끈은 어느 날부터 실밥이 풀리기 시작했고, 어깨에 멜 때마다 '조금만 더 버텨주면 좋겠다.'는 생각을 하게 되었을지도 모릅니다. 그런데도 주말이 되면 프리미엄 아울렛을 돌고 백화점 매장을 오르내리며 아이가 쓸 더 튼튼한 것, 더 오래 쓸 수 있는 것을 고르고 있었을 것입니다. 내 것은 아직 쓸 수 있으니까, 아이 것은 지금이 아니면 안 되니까, 그렇게 스스로를 납득시키는 일에 이미 너무 익숙해져 있었기 때문입니다.

옷장 앞에서도 다르지 않았을 것입니다. 목이 늘어난 셔츠와 몇 해를 넘긴 낡은 패딩이 눈에 들어와도, 계절이 바뀌면 가장 먼저 떠오르는 것은 내 체온이 아니라 아이의 체온이었을 것입니다. 안감이 두꺼운지, 바람을 잘 막아주는지, 한겨울에도 충분히 따뜻한지 하나하나 살피며 내 옷은 아직 괜찮다고, 조금 더 입을 수 있다고 스스로를 설득하며 뒤로 미뤄왔을지도 모릅니다.

아내로서의 마음도 크게 다르지 않았을 것입니다. 구두 굽이 닳아 교체할 때가 한참 지났다는 것을 알면서도, 백화점에 가면 발걸

음은 자연스럽게 신사복 매장으로 향했을 것입니다. 남편의 구두
와 와이셔츠, 정장과 코트를 먼저 살피며 내 블라우스와 내 코트는
다음 기회로 미뤄두었을지도 모릅니다. 이제는 너무 오래 반복되
어 약간의 망설임조차 없었을 수도 있습니다.

머리도 그랬을 것입니다. 마지막으로 미용실에 다녀온 때가 언
제인지 기억조차 선명하지 않은 채 머리는 어느새 길어지고 결은 조
금씩 거칠어졌는데, 아이와 남편의 머리는 최소한 4주, 길어도 한 달
을 넘기지 않게 챙기게 됩니다. 내 단정함보다 가족의 단정함이 늘
먼저였기 때문입니다.

식사 자리에서도 우리는 늘 비슷한 선택을 해왔습니다. 내가 먹
고 싶은 메뉴보다 부모님이 좋아하실 만한 음식, 지인이 편하게 드
실 수 있는 메뉴를 먼저 떠올리며 메뉴판을 넘겼을 것입니다. 그 짧
은 순간에도 내 입맛보다 관계가 먼저였고, 내 욕구보다 분위기가
더 중요했습니다. 그렇게 우리는 거창한 결단이 아니라 아주 사소한
선택들의 반복 속에서, 조금씩 그러나 분명하게, 자신을 마지막 자
리에 두는 법을 익혀왔습니다.

어쩌면 우리는 가족을 돌보느라 바빴던 것만은 아니었는지도 모
릅니다. 그 시간 속에서 너무 조용하게, 너무 오래, 자기 자신을 뒤
로 밀어내고 있었는지도 모릅니다. 아무도 시키지 않았지만 스스로
그렇게 살아야 한다고 믿었고, 그것이 좋은 엄마이고 좋은 아내이며
좋은 딸이 되는 길이라고 여겨왔는지도 모릅니다. 그러나 삶은 이상

하게도, 가장 오래 비워둔 자리에서부터 흔들리기 시작합니다.

이 책은 바로 그 지점에서 시작합니다. 당신이 이기적이지 않아서도 아니고, 계산이 부족해서도 아니며, 욕심이 없어서도 아닙니다. 오히려 너무 오랫동안 '나를 나중에 두는 선택'을 반복해왔기 때문에, 돈 앞에서 작아지고 판단 앞에서 망설이게 되었는지도 모릅니다. 이 책에서 필자는 그 오래된 습관을 탓하려는 것이 아닙니다. 다만 그것을 처음으로 정확히 바라보게 하려고 합니다. 무엇이 우리를 이토록 쉽게 뒤로 물러나게 했는지, 왜 내 몫의 판단 앞에서 마음이 작아졌는지, 그 조용한 구조를 함께 들여다보려 합니다.

사람들은 흔히 행동경제학을 인간의 비합리성을 설명하는 학문이라고 말합니다. 맞는 말입니다. 우리는 늘 가장 합리적인 선택만 하며 살지 않습니다. 감정에 흔들리고, 익숙한 습관에 끌리고, 손해를 피하려다 더 큰 기회를 놓치기도 합니다. 그런데 제가 오래 바라본 것은 그 일반론의 차원이 아니었습니다. 제가 보고 싶었던 것은 그 비합리성이 한 사람의 삶 속으로 들어올 때 어떤 얼굴을 하고 있는가 하는 것이었습니다. 특히 엄마들의 일상 속에서는 그것이 단순한 판단 오류로 나타나지 않았습니다. 그것은 사랑의 이름을 하고 있었고, 책임의 표정을 하고 있었고, 배려와 죄책감과 익숙함의 형태를 하고 있었습니다. 그래서 더 오래 지속되었고, 그래서 더 쉽게 자신도 눈치채지 못했습니다.

그래서 저는 이 책에서 그 이름을 조금 다르게 부르고 싶었습니다. 행동경제학이 선택의 원리를 설명하는 언어라면, 온다경제학은 그 선택이 한 사람의 삶으로 어떻게 들어오고, 습관이 되고, 미래가 되는지를 말합니다. 온다경제학의 '온'에는 따뜻함이 있습니다. 차갑게 계산하는 대신 삶을 품는 온기가 있습니다. 그 '온'에는 또한 쌓임이 있습니다. 하루의 생각이 쌓이고, 작은 실천이 쌓이고, 미뤄두었던 자기 자신을 다시 앞자리에 앉히는 연습이 쌓여 결국 삶의 구조를 바꾸는 축적이 있습니다. 그 '온'에는 배움이 있고, 넉넉함이 있고, 많아짐이 있습니다. 그래서 온다경제학은 돈을 차갑게 해부하는 학문이 아니라, 내 삶 속으로 경제를 따뜻하게 불러들이고, 그것을 스스로 다룰 수 있는 감각으로 길러내는 생활의 경제학입니다.

이 책이 다루는 것은 거창한 투자 기술이 아닙니다. 이 책이 진짜로 바라보는 것은 반복되어 온 작고 사소한 선택의 방향입니다. 왜 나는 내 것을 늘 뒤로 미뤘을까? 통장은 있는데도 왜 마음은 늘 불안할까? 벌고 있음에도 왜 부족하다고 느끼고, 가계부를 쓰면서도 왜 자신감은 자라지 않았을까? 그 이유는 어쩌면 돈이 없어서만이 아니었을 것입니다. 나를 위한 판단의 자리가 너무 오래 비어 있었기 때문일지도 모릅니다. 불안은 빈약한 잔고에서만 생겨나는 것은 아닙니다. 통제권이 빠져나간 자리, 내 삶인데도 판단이 머뭇거리는 자리에서도 불안은 조용히 자라납니다.

그래서 이 책은 돈을 더 벌라고만 말하지 않습니다. 대신 선택의 순간마다 나를 조금 더 앞자리에 앉히는 연습을 제안합니다. 아이를 덜 사랑하라는 말도 아니고, 가족을 뒤로 미루라는 뜻도 아닙니다. 다만 그 모든 사랑과 책임의 구조 안에서, 나 역시 돌봄의 대상이며 판단의 주체라는 사실을 회복하자는 이야기입니다. 나 자신을 끝까지 제외한 채 가족을 지킨다 해도, 그 가족의 좋은 관계가 오랫동안 유지되기는 힘듭니다. 한 사람의 삶이 지나치게 비워지면, 그 빈자리는 언젠가 관계 전체를 흔들기 때문입니다.

이 책이 말하는 '부자 엄마'는 돈이 많은 사람을 뜻하지 않습니다. 금융 지식이 많은 사람도 아닙니다. 부자 엄마란 결정의 순간에 자기 자리를 비우지 않는 사람입니다. 남편의 소득에 의존하지 않겠다는 선언만을 뜻하지도 않고, 혼자 모든 책임을 짊어지겠다는 비장한 각오를 뜻하지도 않습니다. 내 삶과 관련된 경제적 판단에서 끝내 내 이름을 지우지 않는 사람, 사랑을 하되 자기 자신을 빠뜨리지 않는 사람, 책임을 지되 자기 삶의 방향키를 남에게 넘기지 않는 사람, 저는 그 사람을 부자 엄마라고 부르고 싶습니다.

그동안 우리는 이렇게 배워왔을지도 모릅니다. 돈은 어렵고, 투자는 위험하며, 금융은 전문가의 영역이라고 말입니다. 그러나 그것은 절반만 맞는 이야기였습니다. 복잡한 상품을 설계하는 일은 전문가의 영역일 수 있습니다. 하지만 어떤 선택을 할 것인지, 무엇을 위해 돈을 쓰고 무엇을 위해 남길 것인지, 지금의 편안함과 미래의 안정 사이에서 어떤 균형을 잡을 것인지는 언제나 삶의 영역입니다. 그 판단은 누구도 대신 해줄 수 없고, 누구도 대신 책임져줄 수 없습니다. 결국 경제는 남의 언어가 아니라 내 삶의 언어가 되어야 합니다. 그리고 그 언어를 다시 배우는 일은 결코 늦지 않습니다.

이 책은 질문으로 시작합니다. 왜 나는 돈 앞에서 작아졌을까? 왜 벌고 있는데도 늘 부족하다고 느끼는 것일까? 왜 가계부를 써도 마음은 편안해지지 않는 것일까? 그리고 이제부터 나는 어떤 선택을 하며 살아가고 싶은가? 서둘러 답을 내리지 않아도 괜찮습니다. 이 책은 독자를 재촉하지 않을 것입니다. 다만 한 가지는 꼭 말하고 싶습니다. 지금 느끼는 불안은 실패의 증거가 아니라는 사실입니다. 그것은 오히려 다시 생각할 수 있는 힘이 아직 남아 있다는 증거입니다. 흔들린다는 것은 아직 포기하지 않았다는 뜻이고, 질문이 남아 있다는 것은 아직 삶을 바꾸고 싶은 마음이 살아 있다는 뜻입니다.

온다경제학은 바로 그 남아 있는 힘을 믿는 데서 출발합니다. 따뜻하게 자신을 바라보고, 차곡차곡 배우고, 조용하지만 분명한 실천을 쌓아가며, 마침내 넉넉한 미래를 향해 걸어가는 것. 그것은 하루아침에 인생을 뒤집는 마법이 아니라, 나를 마지막에 두지 않는 훈련이며, 사랑과 책임의 구조 속에서 내 삶의 자리를 회복하는 성실한 연습입니다. 부는 그렇게 갑자기 떨어지는 행운이 아니라, 자신을 지우지 않는 태도에서부터 조금씩 모여드는 결과일지도 모릅니다.

이 책을 다 읽고 나면 독자는 더 이상 돈 앞에서 "잘 모르겠습니다."라고만 말하지는 않게 될 것입니다. 모든 답을 단번에 알게 되기 때문이 아닙니다. 다만 스스로 판단할 수 있는 기준과 감각, 그리고 자신을 믿고 결정할 수 있는 근육이 생기기 때문입니다. 그것이면 족합니다. 경제는 완벽한 지식으로 시작되는 것이 아니라, 내가 내 삶의 주인이라는 감각이 돌아오는 순간부터 비로소 시작되기 때문입니다.

부자 엄마는 다르게 생각합니다. 더 많이 가지려 하기보다 나를 포함한 삶 전체를 바른 자리에 놓으려 합니다. 더 빨리 움직이기보다 끝까지 갈 수 있는 구조를 먼저 만듭니다. 유행보다 지속을, 조급함보다 방향을, 눈앞의 체면보다 오래 남을 안정과 자유를 생각합니다. 그리고 무엇보다 운동화 하나를 고르는 순간에도, 식사 메뉴를 정하는 순간에도, "나는 괜찮으니까."라는 말로 더 이상 자신을 밀어내지 않습니다.

이 책이 당신을 단숨에 부자로 만들어주지는 못할지도 모릅니다. 그러나 적어도 돈과 선택의 순간마다 주눅 들지 않고, 나를 존중하는 판단을 할 수 있는 사람으로는 이끌어줄 것입니다. 지금도 결코 늦지 않았습니다. 나를 조금 더 챙긴다고 해서 누군가의 삶이 무너지지 않을 뿐더러 오히려 모두의 삶이 더 건강하게 바로 서게 됩니다.

이제 경제는 멀리 있는 학문이어서는 안 됩니다.

경제는 당신의 삶 속으로 들어와야 합니다.

따뜻하게 와야 하고, 쌓이며 와야 하며, 배움으로 와야 하고, 넉넉한 내일의 가능성으로 와야 합니다.

그래서 저는 이 새로운 이름을 붙였습니다.

온다경제학.

그리고 이 책은,

오랫동안 자신을 마지막에 두었던 한 사람의 삶에

경제가 비로소 제대로 도착하는 순간에 대한 이야기입니다.

제1부

돈 이야기가 불편해지는 순간

제1화

돈은 언제부터 나의 언어가 아니게 되었을까

어느 순간부터 돈 이야기는 자연스럽게 불편해졌습니다. 누가 먼저 꺼내지 않으면 굳이 말하지 않게 되었고, 이야기가 시작되더라도 판단은 늘 뒤로 미뤄졌습니다. "저는 잘 몰라요."라는 말로 얼버무리면서 우리는 어느새 돈 앞에서 스스로를 한 발 물러나게 만들었습니다. 이 불편함은 어느 날 갑자기 생긴 감정이 아닙니다. 아주 오랜 시간에 걸쳐 조용히 쌓여 온 선택의 결과입니다.

사람들은 흔히 돈은 어렵다고 말합니다. 복잡한 숫자, 낯선 금융 용어, 게다가 한 번 실수하면 큰일이 날 것 같아서 그렇다고 말합니다. 물론 맞는 말일 수 있습니다. 그러나 온다경제학의 시선으로 바라보면, 인간은 단지 어렵기 때문에 회피하는 존재가 아닙니다. 오히려 스스로 통제할 수 없다고 느끼는 순간 그 영역을 더 빨리 멀리 하게 됩니다. 다시 말해 돈 이야기가 불편해진 이유는 지식이 부족해서라기보다, 판단의 자리에서 조금씩 멀어졌다는 감각이 오래 축적된 결과에 가깝습니다.

엄마의 삶은 하루에도 수많은 결정을 요구합니다. 아이의 일정, 가족의 식사, 집안의 분위기, 관계의 균형, 감정의 조율까지 눈에 보이지 않는 선택들이 끊임없이 이어집니다. 이런 삶 속에서 뇌는 자연스럽게 에너지를 배분합니다. 모든 영역에서 동시에 주도권을 유지할 수는 없기 때문에, 상대적으로 위험해 보이거나 누군가 대신 결정해 줄 수 있는 영역은 뒤로 미루는 쪽을 택하게 됩니다. 그것은 게으름이 아니라 생존을 위한 효율이었을 것입니다. 그리고 그 자리에서 가장 자주 밀려난 것 중 하나가 바로 돈이었을지도 모릅니다.

기존 행동경제학에서는 이를 결정 피로라고 설명합니다. 사람은 반복된 결정 끝에서 더 이상 판단하고 싶지 않을 때, 가장 부담이 큰 결정을 뒤로 미루거나 타인에게 넘기려는 경향을 보입니다. 엄마들이 돈을 쓰는 기회나 경제적 판단을 포기하고 싶어서가 아니었습니다. 이미 일상 속에서 너무 많은 결정을 감당하고 있었기 때문에, 돈은 늘 마지막에 남겨졌던 것입니다. 이것은 비합리적인 행동이 아니라 그 시기의 삶을 유지하기 위한 매우 합리적인 전략이었습니다. 문제는 이 전략이 반복되면서 습관이 되고, 결국 구조가 되었다는 데 있습니다.

처음에는 잠시 판단을 미뤘을 뿐이었습니다. 그러나 어느 순간부터 결정권은 자연스럽게 다른 사람의 몫이 되었고, 나는 동의하거나 이해하는 역할에 머무르게 됩니다. 바로 그때부터 뇌는 중요한 학습을 시작합니다. 이 영역은 내가 결정하지 않아도 괜찮은 영역이라고. 이 인식은 의식보다 더 깊은 곳, 무의식의 층위에서 작동하며 시간이 흐를수록 더욱 단단해집니다.

행동경제학은 이를 기본값 효과라고 부릅니다. 사람이 특별히 개입하지 않아도 자동으로 선택되는 값, 말 그대로 기본값입니다. 엄마의 삶에서 이 기본값은 어느새 선명해졌습니다. 아이가 먼저이고, 가족이 먼저이며, 나는 나중입니다. 이 순서가 오랫동안 고정되면 선택은 더 이상 고민의 대상이 아니라 자동 반응이 됩니다. 나를 위한 판단은 뒤로 미루고, 중요한 경제적 결정은 누군가에게 위임하는 방식이 익숙한 기본값으로 굳어지는 것입니다.

질문이 사라진 자리에 남는 것은 피로와 불안입니다. 그리고 그 불안은 시간이 지날수록 점점 막연한 공포처럼 번져갑니다. 사람들은 이 감정을 종종 성향의 문제로 오해합니다. 나는 원래 숫자에 약한 사람이라고, 나는 경제에는 소질이 없다고, 그렇게 스스로를 설득합니다. 그러나 그것은 원인을 잘못 짚은 해석일 가능성이 큽니다. 인간은 반복적으로 결정하지 않은 영역에서 점점 더 큰 불안을 느끼도록 설계되어 있습니다. 그러므로 돈 앞에서 느끼는 불편함은 무능의 증거가 아니라, 통제권이 빠져나갔다는 신호에 더 가깝습니다. 그것은 실패의 결과가 아니라 경고에 가깝습니다.

심리학에서는 이런 상태를 흔히 학습된 무기력으로 설명합니다. 하지만 엄마들의 경우에는 조금 다른 이름이 더 정확할지도 모릅니다. 그것은 학습된 무기력이라기보다 학습된 배제에 가깝습니다. 스스로 포기한 것이 아닙니다. 역할과 관계 속에서 자연스럽게 판단의 자리가 비워졌고, 그 자리에 오래 익숙해졌을 뿐입니다. 이 차이를 인식하는 순간, 우리는 자신을 탓하던 자리에서 비로소 한 걸음 벗어날 수 있습니다.

여기에 역할 정체성이라는 힘이 더해집니다. 엄마라는 역할, 아내라는 역할은 단순한 호칭이 아닙니다. 그것은 어떤 선택을 해야 하는지까지 포함하는 행동의 기준으로 작동합니다. "엄마라면 이래

야 한다."는 말은 결국 "엄마라면 이 선택을 해야 한다"는 명령으로 변합니다. 그리고 그 기준은 경제적 판단에도 그대로 스며듭니다. 나를 위한 선택은 늘 설명이 필요한 선택이 되고, 가족을 위한 선택은 묻지 않아도 정당한 선택이 됩니다. 그렇게 경제의 영역

에서도 나는 자연스럽게 뒤로 밀려납니다.

행동경제학에서 말하는 손실 회피 역시 이 지점에서 독특하게 왜곡됩니다. 사람은 본래 이익보다 손실을 더 크게 느끼는 존재입니다. 그런데 엄마의 삶에서는 내가 쓰지 못한 손실보다 가족에게 부족함을 주는 손실이 훨씬 더 크게 인식되도록 학습되어 왔습니다. 그 결과 나를 위한 소비는 늘 위험한 선택처럼 느껴지고, 스스로를 설득해야만 가능한 일이 됩니다. 필요를 충족하는 일조차 미안함의 언어를 거쳐야 비로소 허락받는 선택이 됩니다.

이 구조가 장기화되면 어떤 일이 벌어질까요? 결정하지 않는 사람은 점점 책임에서도 멀어지고, 책임에서 멀어진 사람은 결국 정보에서도 멀어집니다. 정보에서 멀어지면 관심도 함께 줄어들고, 반복되는 무관심은 그 영역에 오래 머물지 못하게 만듭니다. 어느 날 갑자기 통장이 사라지는 것이 아닙니다. 그러나 어느 순간부터 통장의 의미를 능동적으로 읽는 사람이 아니라 그 의미를 누군가에게 전달받는 사람이 됩니다. 숫자를 해석하는 사람이 아니라 숫자를 통보받는 사람이 되는 것입니다. 이 변화는 겉으로는 잘 드러나지 않기 때문에 더 위험합니다.

그렇다고 해서 이것을 개인의 부족함으로만 읽어서는 안 됩니다. 여기서 반드시 짚고 넘어가야 할 사실이 있습니다. 엄마들이 이렇게 된 것은 선택을 못해서가 아니라 오히려 선택을 너무 잘해 왔기 때문입니다. 갈등을 줄이기 위해, 가족의 효율을 높이기 위해, 관계를 부드럽게 유지하기 위해 늘 가장 빠른 해결책을 선택해 왔습니다. 오늘 필요한 것을 먼저 해결했고, 당장 불편한 것을 줄였으며, 지금 이 순간의 균형을 지키기 위해 애써 왔습니다. 그러나 가장 빠른 선택이 언제나 가장 건강한 구조를 만드는 것은 아닙니다.

행동경제학은 인간이 단기적 안정과 장기적 안정 사이에서 종종 단기적 안정을 택한다고 설명합니다. 엄마의 선택은 언제나 단기적으로는 옳았습니다. 오늘의 갈등을 줄였고, 오늘의 불편을 없앴으며, 오늘 하루를 무사히 지나가게 만들었습니다. 그러나 그 선택이 수년, 수십 년 반복되면서 장기적인 불안이라는 비용을 만들어 냈을 수도 있습니다. 지금 느끼는 경제적 불안은 어쩌면 그 비용이 비로소 표면 위로 올라온 결과인지도 모릅니다.

그래서 이 장에서 중요한 것은 당장 돈을 잘 아는 사람이 되는 일이 아닙니다. 먼저 회복해야 할 것은 판단의 자리입니다. 돈을 잘 굴리는 사람이 되라는 말이 아니라, 돈에 대해 말할 수 있는 사람이 되라는 뜻입니다. 다시 판단의 자리에 앉는다는 것은 더 욕심을 부리겠다는 선언이 아닙니다. 그것은 내 삶과 관련된 선택에서 끝내 내 이름을 지우지 않겠다는 태도의 회복입니다.

당신이 이기적이지 않아서 돈 앞에서 작아진 것이 아닙니다. 계산이 부족해서도, 욕심이 없어서도 아닙니다. 너무 오랫동안 나를 나중에 두는 선택을 반복해 왔기 때문에 그렇게 느껴졌을 뿐입니다. 저는 그 사실을 먼저 전하고 싶었습니다. 그리고 바로 그 지점이 다시 생각을 시작할 수 있는 출발선이라는 사실도 함께 말하고 싶습니다.

온다경제학은 여기서 시작합니다. 돈을 차갑고 어려운 세계의 언어로만 두지 않고, 다시 내 삶의 언어로 불러오는 일에서 시작합니다. 내가 이해할 수 있는 말로, 내가 경험한 감정으로, 내가 반복해 온 선택의 구조를 읽어내는 일에서 시작합니다. 돈은 멀리 있는 숫자가 아니라 결국 삶의 순서를 정하는 도구이기 때문입니다. 그리고 그 순서 속에서 내가 계속 마지막에 머물러 있었다면, 이제는 그 자리를 다시 돌아보아야 합니다.

다음 화에서는 이 구조 위에서 한 가지 질문을 더 깊이 가져가려 합니다. 왜 나를 위한 소비는 늘 뒷전이 되는지, 왜 나를 위해 쓰는 돈에는 늘 망설임과 설명이 따라붙는지, 그 더 깊은 내면의 구조를 함께 들여다볼 것입니다. 우리가 판단의 구조를 정확히 이해하는 순간, 우리는 다시 선택의 자리로 돌아올 수 있습니다. 그리고 그때부터 돈은 더 이상 남의 언어가 아니라, 비로소 나의 언어가 되기 시작할 것입니다.

제2화

경력이 멈추면 경제 감각도 멈춘다

소득이 아니라, 관여의 범위를 스스로 줄였을 때

많은 엄마들은 이렇게 말씀하십니다. 가계부도 매일 쓰고 있고, 생활비도 빈틈없이 관리하고 있으며, 남편이 벌어온 돈을 허투루 쓰지 않고 계획적으로 사용하고 있다고 말입니다. 실제로 그 말은 틀리지 않습니다. 매달 지출을 기록하고, 고정비와 변동비를 나누며, 남는 돈은 저축하고, 생활이 흔들리지 않도록 늘 조심스럽게 살림을 꾸려 왔습니다. 이 지점까지만 놓고 보면 경제적 결정권이 없다고 말하기도 어렵고, 경제 감각이 전혀 없다고 말하기는 더욱 어렵습니다. 오히려 안정적인 가계를 성실하게 운영해 온 사람이라고 말하는 편이 더 정확할 것입니다.

그러나 이 장에서 말하고자 하는 경제의 문제는 바로 그 지점에 있지 않습니다. 이 책이 말하는 경제는 단지 돈을 아끼고 잘 분배해 쓰는 능력에 머무르지 않습니다. 우리가 정말 바라보아야 할 핵심은 결정을 했느냐 아니면 하지 못했느냐가 아니라, 어디까지를 나의 경제 영역으로 허용해 왔느냐에 있습니다. 많은 엄마들은 경제를 생활을 유지하기 위한 관리의 영역으로 정의해 왔고, 그 정의 안에서는 분명 충분히 잘해 왔습니다. 하지만 그 바깥에 있는 영역, 이를테면 돈이 불어나는 구조를 이해하는 일, 자산의 흐름 속에서 내가 어디에 서 있는지를 인식하는 일, 그리고 장기적인 시간 위에서 나를 위한 선택의 자유를 설계하는 문제에 대해서는 너무 오래 스스로를 바깥에 두어 왔습니다.

온다경제학의 시선으로 보면, 인간은 어떤 영역을 피할 때 반드시 그것이 어렵기 때문에 피하는 것은 아닙니다. 오히려 지금 당장 개입하지 않아도 당장의 문제가 드러나지 않는 영역일수록 더 쉽게 뒤로 미루는 경향이 있습니다. 생활이 유지되고 있고, 가계가 돌아가고 있으며, 큰 사고 없이 시간이 흘러가고 있다면, 뇌는 그 상태를 하나의 안정된 기본값으로 받아들입니다. 그러면 사람은 더 깊이 들여다보려 하기보다 지금의 균형을 지키는 쪽을 선택하게 됩니다. "투자는 잘 몰라서요." "리스크 있는 건 남편이 알아서 하니까요." "은행에 넣어 두는 게 제일 마음이 편하지 않나요?" 이런 말들은 무

책임한 말이 아닙니다. 오히려 불확실함을 줄이고 평온을 지키기 위한 매우 합리적인 언어처럼 들립니다. 문제는 이 언어가 반복되면서 어느새 하나의 태도가 되어 버렸다는 점입니다. 결정권이 아예 없는 것이 아니라, 결정권을 행사하지 않아도 되는 영역만을 내 경제의 자리로 허용해 온 상태, 바로 그 지점이 지금 우리가 가장 깊이 들여다보아야 할 자리입니다.

여기서 반드시 짚고 넘어가야 할 사실이 하나 있습니다. 경제 감각은 저축을 잘한다고 저절로 생기지 않습니다. 경제 감각은 선택의 부담을 반복해서 감당하면서 자랍니다. 익숙한 영역에서의 반복은 성실함을 만들어 줄 수는 있지만, 자산이 어떻게 늘고 줄어드는지를 읽어내는 감각까지 길러 주지는 못합니다. 가계부를 쓰는 능력과 자산의 구조를 이해하는 감각은 전혀 다른 층위에서 형성됩니다. 전자는 반복과 책임감으로 유지되지만, 후자는 불확실성을 견디고 해석해 본 경험 위에서만 자라납니다. 다시 말해 생활 관리는 성실함의 영역이고, 경제 감각은 관여의 영역입니다. 이 둘은 닮아 보이지만 결코 같은 것이 아닙니다.

경력 단절 이후 많은 엄마들이 "예전보다 경제 감각이 많이 떨어진 것 같다."고 말씀하십니다. 그러나 이 표현은 조금 다르게 읽을 필요가 있습니다. 감각이 사라진 것이 아니라, 감각이 자라날 환경으로부터 너무 오래 떨어져 있었던 것에 가깝습니다. 직장에 있을 때 우리는 자연스럽게 숫자를 비교하고, 조건을 검토하고, 시간과 성과, 보상과 기여를 함께 계산하는 사고의 흐름 안에 있었습니다. 어떤 선택이 더 효율적인지, 어떤 대안이 더 나은지, 내가 감당하는 일의 가치가 얼마만큼인지를 끊임없이 따져 보았습니다. 그런데 그 흐름에서 멀어지고 나면 돈은 과정으로 이해되는 것이 아니라 결과로만 받아들여집니다. 들어온 돈, 나간 돈, 남은 돈만 보게 되고, 그 중간에서 어떤 판단이 움직였는지는 점점 보이지 않게 됩니다. 그렇게 우리는 돈의 흐름을 해석하는 자리에서 조용히 한 발 물러서게 됩니다.

이 상태가 오래 지속되면 사람은 자신도 모르게 이렇게 믿게 됩니다. 나는 여기까지만 하면 되는 사람이라고. 이 믿음은 겸손처럼 보이지만 실제로는 자기 제한에 가깝습니다. 경제를 더 넓게 이해할 수 있는 가능성을 스스로 차단하고, 현재 맡고 있는 역할 안에서만 움직이겠다고 마음속으로 합의해 버린 상태입니다. 더 큰 문제는 이 합의가 너무 조용히 이루어지기 때문에, 정작 본인은 그것이 합의였다는 사실조차 자각하지 못한 채 살아간다는 점입니다. 이 믿음은 하루아침에 만들어진 것이 아닙니다. 수년간 반복된 안도감 그리고 '지금은 괜찮다'는 반복된 판단들이 차곡차곡 쌓여 만들어 낸 결과입니다.

기존 행동경제학에서는 이런 상태를 현상 유지 편향이라고 설명합니다. 지금 당장 큰 문제가 없기 때문에 더 공부하지 않아도 된다고 느끼는 상태, 지금까지 잘 버텨 왔기 때문에 굳이 다른 선택을 하지 않아도 된다고 믿는 상태입니다. 얼핏 보면 평온해 보이지만, 바로 그 지점에서 감각은 멈춥니다. 실패해서 멈추는 것이 아니라 너무 익숙하고 너무 안정적이어서 멈추는 것입니다. 그러므로 경력이 멈추면 경제 감각도 멈춘다는 말은 단지 소득이 사라졌다는 뜻이 아닙니다. 그보다 더 깊은 곳에서 경제를 판단하고 해석하고 확장해 보는 훈련의 흐름이 멈추었다는 뜻에 가깝습니다.

그래서 이 장에서 말하고 싶은 것은 분명합니다. 엄마들은 경제를 모르는 사람이 아닙니다. 다만 경제를 생활 관리의 영역까지만 허용해 왔을 뿐입니다. 그리고 이제는 그 경계를 조금 넓혀야 할 시점에 와 있습니다. 더 위험해지라는 말도 아니고, 더 욕심을 부리라는 뜻도 아닙니다. 다만 나를 위한 선택이 필요해질 때, "나는 여기까지밖에 못 해."라고 말하지 않아도 되는 위치에 미리 나를 앉혀 두자는 이야기입니다. 경제는 여전히 나와 상관없는 언어가 아닙니다. 다시 배치될 수 있는 언어이고, 내가 나를 위해 스스로 챙겨야 할 삶의 언어입니다.

여기에서 한 가지를 더 분명히 해 두고 싶습니다. 이 장의 목표는 독자에게 당장 투자를 시작하라고 말하는 데 있지 않습니다. 이 장의 역할은 그보다 훨씬 앞에 있습니다. 나의 현재 상태를 인식하는 일, 판단의 기준을 다시 세우는 일, 그리고 경제를 대하는 자신의 위치를 다시 정렬하는 일입니다. 많은 사람들이 경제 공부를 시작하지 못하는 이유는 정보가 부족해서가 아니라 기준이 없기 때문입니다.

기준이 없으면 어떤 선택도 불안해지고, 그 불안은 다시 회피로 이어집니다. 그러므로 온다경제학의 첫걸음은 정보보다 먼저 자리의 회복입니다. 내가 이 문제의 바깥 사람이 아니라는 사실을 인정하는 것, 바로 거기서부터 다시 시작해야 합니다.

온다경제학이 말하는 실행의 첫 단계는 의외로 단순합니다. 스스로에게 질문을 던지는 것입니다. 나는 지금 돈을 관리하고 있는가 아니면 경제에 관여하고 있는가? 이 둘은 비슷해 보이지만 전혀 다른 질문입니다. 관리는 현재를 유지하는 일이고, 관여는 미래의 방향을 살피는 일입니다. 관여란 반드시 큰 결정을 의미하지 않습니다. 내 돈이 어떤 구조 안에 놓여 있는지를 이해하려는 시도, 예금 이자가 무엇을 보장하고 무엇을 보장하지 않는지를 묻는 태도, 누군가의 설명을 듣기 전에 스스로 한 번 더 생각해 보려는 자세, 이 모든 것이 이미 경제적 관여의 시작입니다. 그리고 이 기준이 세워지면 이후의 선택은 훨씬 단순해집니다. 공부를 할지 말지, 투자를 할지 말지의 문제가 아니라, 내가 이 선택의 자리에 계속 앉아 있을 것인가의 문제가 되기 때문입니다.

바로 여기에서 우리는 한 번 더 멈춰 서서 물어야 합니다. 우리가 안전하다고 믿고 맡겨 둔 그 돈은 과연 정말로 안전한가? 현재 국내 은행 예금 금리는 대체로 연 3% 안팎에서 움직이며, 상황에 따라 2%대로 내려가기도 하고 높아져도 4% 초반을 넘기기 어렵습니다. 숫자만 보면 돈이 조금씩 불어나고 있는 것처럼 보입니다. 그러나 물가는 다르게 움직입니다. 최근 몇 년간 우리는 전 세계적으로 높은 물가 상승을 경험했고, 생활 밀접 품목에서는 체감 상승 폭이 훨씬 더 컸습니다. 이 말은 곧 예금 금리가 물가 상승률보다 낮거나 비슷해지는 순간, 돈이 늘고 있는 것이 아니라 실질 구매력을 잃으며 조용히 녹아내리고 있다는 뜻입니다. 통장 잔고는 그대로인 것처럼 보여도, 그 돈으로 선택할 수 있는 삶의 범위는 점점 줄어들고 있다는 의미입니다.

더 중요한 문제는 그 돈이 은행 안에서 쉬고 있는 동안, 다른 선택의 가능성까지 함께 묶어 두고 있다는 사실입니다. 이것이 바로 기회비용입니다. 보이지 않는 손실은 늘 가장 늦게 통증을 드러냅니다. 눈앞에서 사라지지 않기 때문에 오히려 위험하고, 우리는 그것을 알고 있으면서도 '안정'이라는 말 아래 조용히 밀어두기 쉽습니다. 경제적 무지는 정말 몰라서만 생기지 않습니다. 알고도 계속 움직이지 않을 때 더 단단하게 굳어지기도 합니다. 그리고 그 침묵의 시간만큼, 돈은 조용히 나의 편이 아닌 방향으로 흘러갑니다.

그러므로 지금까지 지켜 온 안정이 앞으로의 선택까지 가두지 않도록 해야 합니다. 이것이 이 장에서 조용히 건네고 싶은 가장 중요한 제안입니다. 당신이 해온 살림은 결코 하찮은 일이 아니었습니다. 오히려 가족의 삶을 지탱해 온 보이지 않는 경제 운영이었습니다. 다만 이제는 그 성실함 위에 한 걸음을 더 올려놓아야 합니다. 관리에서 관여로, 유지에서 이해로, 익숙한 안전에서 스스로 판단하는 자리로 조금씩 이동해야 합니다. 그것이 경력이 멈춘 자리에서 다시 경제 감각을 깨우는 첫 번째 움직임입니다.

다음 장에서는 이 자기 제한의 태도가 어떻게 소비의 순간마다 죄책감으로 되돌아왔는지, 왜 나를 위한 지출은 늘 설명이 필요했는지, 그리고 그 설명이 왜 언제나 남이 아니라 나 자신을 향하고 있었는지를 더 깊이 들여다보려 합니다. 경제 감각의 회복은 지식에서 시작되지 않습니다. 관여의 회복에서, 그리고 나를 그 선택의 자리에 다시 올려놓는 작은 행동에서 시작됩니다. 그 문턱을 넘는 순간, 경제는 더 이상 낯선 바깥의 언어가 아니라 다시 내 삶 안으로 걸어 들어오는 언어가 됩니다. 그리고 바로 거기서 온다경제학은 비로소 살아 움직이기 시작합니다.

제3화

월급이 들어와도 마음을 졸이는 밤

불안은 잔고가 아니라 선택의 자리에서 자란다.

벌고 있음에도 불안하다는 감정은 쉽게 설명되지 않습니다. 통장에 급여가 들어오고, 생활비는 감당되고 있으며, 당장 내일을 걱정해야 할 정도의 위기는 아닌데도 마음 한편에서는 늘 부족하다는 느낌이 사라지지 않습니다. 더 벌어야 할 것 같고, 더 아껴야 할 것 같고, 지금의 선택이 맞는지 확신이 서지 않습니다. 이 불안은 단순히 소득의 크기에서 비롯된 감정이 아닙니다. 같은 소득을 가지고도 누군가는 안정감을 느끼고, 누군가는 계속해서 흔들리는 이유가 바로 여기에 있습니다.

우리는 흔히 경제적 불안을 돈이 적기 때문이라고 설명합니다. 그러나 행동경제학과 경제심리학의 관점에서 보면, 불안은 잔고의 숫자보다 훨씬 복합적인 구조 속에서 만들어집니다. 사람은 단순히 돈이 많다고 안정감을 느끼지 않습니다. 오히려 내가 이 돈을 어떻게 사용할 수 있는지, 언제 개입할 수 있는지, 어떤 선택이 가능한지에 대한 감각, 다시 말해 통제감이 있을 때 비로소 안정을 느낍니다. 결국 불안은 돈의 부족에서 자라는 것이 아니라, 통제의 부재에서 자라나는 경우가 훨씬 많습니다.

엄마들의 경우 이 통제감은 아주 미묘한 방식으로 약화되어 왔습니다. 소득이 전혀 없는 상태였던 것도 아니고, 가계의 흐름을 전혀 몰랐던 것도 아니며, 아무 결정도 하지 못하는 자리에만 있었던 것도 아닙니다. 오히려 많은 엄마들은 가계부를 누구보다 성실하게 쓰고, 생활비를 효율적으로 분배하며, 불필요한 지출을 줄이는 데 능숙합니다. 문제는 바로 그 지점에서 멈춰 있다는 데 있습니다. 경제를 잘 관리하는 것과 경제를 통제하고 있다는 감각은 서로 전혀 다른 차원의 문제이기 때문입니다.

돈을 관리하는 역할에 오래 머물수록 경제는 점점 지켜야 할 대상으로 바뀝니다. 이 돈을 잃으면 안 되고, 줄이면 안 되고, 흔들리면 안 된다는 생각이 먼저 앞섭니다. 그러다 보면 돈은 움직이는 자원이 아니라 고정된 보호물처럼 인식됩니다. 이때부터 경제적 판단은 확장보다 유지에 집중하게 되고, 새로운 선택은 가능성이 아니라 위험으로 읽히기 시작합니다. 불안은 바로 여기에서 싹틉니다. 돈이 부족해서가 아니라, 돈을 움직일 수 없다고 느끼기 때문에 불안해지는 것입니다.

경제심리학에서는 이를 통제감의 상실로 설명합니다. 통제감이란 결과를 완벽히 예측할 수 있다는 감각이 아니라, 내가 이 과정에 개입할 수 있다는 감각을 뜻합니다. 내가 이 돈을 어디에 둘지, 언제 움직일지, 어떤 방향으로 사용할지 선택할 수 있다는 느낌이 있을 때 사람은 불안을 덜 느낍니다. 반대로 선택의 여지는 있는 것처럼 보여도 실제로는 늘 같은 선택만 반복하고 있을 때, 사람은 점점 더 답답해집니다. 겉으로 보기에는 안정적인 구조이지만, 안쪽에서는 조금씩 숨이 막히는 구조가 만들어지는 것입니다.

엄마들의 불안은 종종 이런 구조 속에서 누적됩니다. 생활비는 감당되고, 저축도 하고 있고, 예금도 쌓여 있지만, 이 돈이 나를 어디로 데려다 줄지에 대한 그림은 점점 흐려집니다. 지금의 선택이 미래의 나에게 어떤 의미가 되는지 연결되지 않기 때문입니다. 연결되지 않는 돈은 결국 멈춰 있는 돈입니다. 그리고 멈춰 있는 돈은 사람에게 안정보다 불안을 남깁니다. 어쩌면 불안은 부족함의 신호가 아니라, 흐르지 못하고 있다는 신호인지도 모릅니다.

여기서 자주 생기는 오해가 하나 있습니다. 많은 사람들은 통제감을 모든 것을 직접 결정하는 힘으로 이해합니다. 그러나 이 책에서 말하는 통제감은 독단적인 결정권을 뜻하지 않습니다. 오히려 내가 이해하고, 질문하고, 선택의 과정에 참여하고 있다는 감각에 더 가깝습니다. 누군가와 함께 결정하더라도 그 판단의 과정 안에 내가 포함되어 있다면 통제감은 유지됩니다. 반대로 결과만 전달받는 구조에서는 소득이 아무리 안정적이어도 불안은 쉽게 사라지지 않습니다.

이 지점에서 "왜 나는 항상 부족하다고 느낄까?"라는 질문은 전혀 다른 방향으로 읽히기 시작합니다. 실제로 부족한 것은 돈 그 자체가 아니라, 내 선택이 머무를 자리였을 가능성이 큽니다. 판단의 자리에서 점점 멀어질수록 사람은 삶을 관리하고 있다는 느낌보다 그저 견디고 있다는 느낌을 더 강하게 받게 됩니다. 경제는 원래 관리의 대상이 아니라 삶의 방향을 만드는 도구인데, 그 도구를 내 손으로 쥐고 있다는 감각이 사라진 것입니다.

행동경제학은 인간이 불확실성 자체보다 통제할 수 없는 불확실성에 훨씬 더 큰 스트레스를 느낀다고 말합니다. 미래를 완벽히 예측하지 못해도 괜찮습니다. 다만 내가 개입할 수 있고, 수정할 수 있고, 다시 선택할 수 있다는 여지가 있을 때 사람은 불안을 견딜 수 있습니다. 그러나 그 여지가 사라졌다고 느끼는 순간, 불안은 급격히 커집니다. 엄마들의 경제적 불안은 바로 이 여지가 서서히 좁아진 결과일지도 모릅니다.

그러나 이 불안이 단지 마음의 문제만은 아니라는 점도 분명히 짚어야 합니다. 불안이 공포로 자라나는 이유는 언제나 예측 불가능성이 커질 때입니다. 아이를 키우며 마주하게 되는 비용의 풍경은 시간이 갈수록 더 가파르게 올라갑니다. 어린이집과 유치원을 지나 초등학교에 들어서면 사교육비가 구조화되고, 중학교와 고등학교를 거치며 입시 비용으로 증폭됩니다. 그 이후에는 대학 등록금이라는 구체적인 숫자가 등장하고, 경우에 따라 해외 연수나 유학 같은 선택지까지 시야에 들어옵니다. 이 모든 비용은 단발적인 지출이 아니라, 수십 년에 걸쳐 이어질 수 있는 연속된 부담입니다.

반면 수입의 곡선은 같은 방향으로 움직이지 않습니다. 아이들이 자랄수록 엄마의 경제 활동 반경은 줄어들고, 남편 또한 조직과 회사 안에서의 입지가 점점 좁아질 수 있습니다. 인공지능과 기술 변화가 가속화되는 시대에는 과거의 경험과 노하우가 더 이상 절대적인 안전장치가 되지 못합니다. 이직은 잦아지고, 급여는 줄어들 수 있으며, 희망퇴직과 조기 은퇴라는 단어는 멀리 있는 이야기가 아니라 현실의 그림자로 다가옵니다. 늘어나는 지출과 줄어드는 수입의 곡선이 머릿속에서 교차하는 순간, 불안은 더 이상 막연한 감정이

아니라 공포에 가까운 압박으로 변합니다.

여기에 지금 우리가 사는 시대는 또 하나의 층을 얹습니다. 엄마들은 SNS를 통해 더 좋은 학원, 더 앞서 있는 교육 과정, 더 안전하고 더 빛나 보이는 유학지의 정보를 끊임없이 접합니다. 아이의 자존감을 높여준다는 이유로 더 좋은 옷과 가방을 고르고, 남편의 자존감을 세워주기 위해 외모와 이미지를 한 번 더 신경 씁니다. 이 선택들은 모두 사랑에서 출발했고, 가족을 위한 합리적인 판단처럼 보입니다. 그러나 그 과정에서 나를 위한 선택은 점점 더 빠른 속도로 사라집니다. 나를 위한 소비는 기회비용이라는 이름으로 밀려나고, 나를 위한 투자는 늘 다음으로 미뤄집니다.

그렇게 어느 순간, 나는 소비의 주체이면서도 정작 가장 소비되지 않는 사람이 됩니다. 아이러니하게도 SNS를 오래 들여다볼수록 상대적 빈곤감은 더 커지고, 정서적 양극화는 더 깊어집니다. 지금 우리는 단지 물질의 빈곤만이 아니라, 나를 위한 선택이 사라진 시대의 빈곤 속에서 살아가고 있는지도 모릅니다. 풍요의 이미지가 넘쳐날수록 내 삶의 빈칸은 더 선명하게 보이고, 그 빈칸은 자꾸만 불안이라는 이름으로 돌아옵니다.

그래서 이 장을 통해 말하고 싶은 것은 이것입니다. 불안을 없애기 위해 무조건 더 벌어야 한다는 이야기가 아닙니다. 더 공격적으로 투자하라는 뜻도 아닙니다. 먼저 회복해야 할 것은 통장의 크기가 아니라, 경제적 선택의 자리 위에 다시 내 이름을 올리는 일입니다. 왜 계속해서 비슷한 말을 거듭하는가 하는 생각이 들 수도 있습니다. 이유는 단순합니다. 아직도 너무 많은 엄마들이 자기 자신을 선택의 구조 바깥에 두고 있기 때문입니다. 그 오래된 자리 바깥에서 다시 돌아오라고, 이 책은 반복해서 말할 수밖에 없습니다.

온다경제학은 바로 여기에서 시작합니다. 이해하고, 질문하고, 개입할 수 있는 자리로 다시 돌아오는 것, 그것이 곧 통제감의 회복입니다. 지금 느끼는 불안은 실패의 증거가 아닙니다. 더 이상 나를 지우는 방식으로는 이 삶을 지속할 수 없다는 신호입니다. 그리고 그 신호를 알아차린 지금이야말로, 다시 선택의 자리에 앉아야 할 시간입니다. 잔고를 늘리는 일보다 먼저 필요한 것은, 돈이 흐르는 자리마다 내 생각과 내 판단, 내 질문이 함께 흐르도록 만드는 일입니다. 그때 비로소 불안은 막연한 그림자가 아니라, 삶의 방향을 다시 바로 세우라는 조용한 초대가 됩니다.

제4화

여성은 왜 경제 결정에서 밀려나는가

능력의 문제가 아닌 정보 비대칭의 구조적 분석

여성이 경제 결정에서 구조적으로 밀려나는 순간은 대개 소란스럽지 않습니다. 누군가 노골적으로 배제하지도 않고, 회의실에서 대놓고 쫓겨나지도 않으며, 겉으로는 차별이라 부를 만한 장면조차 뚜렷하지 않을 수 있습니다. 그런데도 어느 순간 중요한 판단이 이루어지는 자리에 서면, 여성은 자연스럽게 한 발 뒤에 서 있게 됩니다. 아내로서, 엄마로서, 혹은 그저 집안의 분위기를 읽어야 하는 사람으로서 그렇게 조금씩 뒤로 물러나 있는 자신을 발견하게 됩니다.

의견을 묻지 않아서만은 아닙니다. 묻지 않아도 될 사람처럼 서로가 서로를 인식하게 되었기 때문입니다. 상대도 그렇게 여기고, 본인 스스로도 그렇게 여기는 일이 오랜 문화적 관성 속에서 너무 자연스럽게 굳어졌습니다. 그리고 그 지점은 대개 갈등 없이, 설명 없이, 너무도 조용히 삶의 형태로 굳어져 버립니다.

많은 엄마들은 그 이유를 자신의 한계에서 찾습니다. 내가 이 부분은 잘 모르니까, 나는 원래 숫자에 약하니까, 이런 건 남편이 더 잘 아니까, 그렇게 말하며 한 걸음 물러섭니다. 그러나 이 설명은 지나치게 개인에게 책임을 돌리는 해석일 수 있습니다. 온다경제학의 시선으로 보면, 사람의 경제적 판단 능력은 타고나는 자질이라기보다 어디에, 얼마나 오래 노출되어 있었는가의 결과에 더 가깝습니다. 다시 말해 경제 결정을 잘하느냐, 못하느냐의 문제는 본질적으로 능력의 문제가 아니라 정보가 흐르는 경로 안에 있었는가의 문제입니다. 이것이 바로 정보 비대칭이라는 구조의 문제입니다.

정보 비대칭은 누군가가 일부러 정보를 숨길 때만 발생하는 것이 아닙니다. 정보가 생성되고 축적되는 시간과 장소, 그리고 대화의 맥락에 반복적으로 참여하지 못할 때도 자연스럽게 만들어집니다. 그리고 이 구조는 여성, 특히 직장 밖에 오래 머물러 온 주부나 엄마들에게 훨씬 불리하게 작동해 왔습니다. 경제는 늘 공개된 정보처럼 보이지만, 실제로는 어떤 사람이 어떤 흐름 속에 반복적으로 놓여 있었는가에 따라 완전히 다른 감각으로 축적됩니다.

이 차이는 이미 교육 단계에서부터 드러납니다. 여러 국가의 대학 전공 분포를 살펴보면 경제학과 금융, 공학, 기술 분야는 여전히 남성 비중이 더 높은 경우가 많습니다. 이 수치는 여성의 지적 능력이나 수학적 소양이 부족해서 나타나는 결과라기보다 사회가 어떤 영역을 남성의 언어로, 또 어떤 영역을 여성의 언어로 오랫동안 구분해 왔는지를 보여주는 하나의 징후에 가깝습니다. 돌봄과 관계, 교육과 정서의 영역은 여성의 언어처럼 여겨졌고, 숫자와 자본, 전략과 확장은 남성의 언어처럼 다뤄져 왔습니다. 이 오래된 구분은 어린 시절의 관심사와 학습 습관 그리고 직업적 상상력까지 조용히 결정해 왔습니다.

금융 시장의 중심으로 갈수록 이 차이는 더 극명해집니다. 금융의 핵심 영역은 단지 연봉이 높은 직업군이 아니라 정보가 가장 빠르게 생성되고 공유되며 학습과 실행이 동시에 이루어지는 공간입니다. 다시 말해 경제적 감각과 판단력이 가장 고농도로 축적되는 장소입니다. 그런데 이런 공간일수록 여성의 비율은 여전히 낮습니다. 결국 중요한 것은 여성에게 능력이 없다는 것이 아니라, 감각을 키울 수 있는 경로와 장면에 구조적으로 덜 노출되어 왔다는 사실입니다.

사회학에서는 이를 경로 의존성이라는 개념으로 설명합니다. 사람은 자유롭게 선택한다고 믿지만, 실제로는 자신이 반복적으로 보아 온 세계 안에서 훨씬 더 자연스럽게 길을 택합니다. 많은 남성들은 성장 과정에서 경제 활동을 하는 아버지의 모습을 보며 자랍니다. 밖에서 일하고, 경쟁하고, 성과를 내며, 가족의 생계를 책임지는 모습은 의식적이든 무의식적이든 경제 활동과 자본의 흐름을 삶의 중심 영역으로 각인시키는 역할을 합니다. 이러한 인상은 미래의 관심 분야와 학습 방향, 직업 선택으로 이어지며, 결국 경제·경영·기술·금융 분야로 자연스럽게 시선을 기울이게 만듭니다.

반면 많은 여성들은 가정 안에서 어머니의 역할을 더 깊이 경험하며 성장합니다. 가정을 돌보고, 관계를 유지하고, 생활을 관리하고, 감정을 조율하는 어머니의 모습을 가까이에서 보고 배우며 자랍니다. 이 역할들은 삶을 유지하는 데 필수적이며 결코 가볍지 않습니다. 그러나 바로 그 과정 속에서 경제적 판단은 종종 중심이 아니라 배경으로 밀려납니다. 돈은 쓰이고 관리되는 것이지, 확장되고 설계되는 것으로 학습되지 않는 경우가 많습니다. 그 결과 돌봄과 교육, 복지와 서비스의 영역은 자연스러운 진로로 받아들여지는 반면, 자본과 시장의 흐름을 다루는 영역은 조금 더 먼 세계처럼 느껴지게 됩니다.

이러한 선택의 누적 속에서 경제 판단에 필요한 정보 노출의 빈도는 구조적으로 낮아지고, 그 차이는

결국 결과로 드러납니다. 엄마와 주부의 일상에서 이 구조는 더욱 분명해집니다. 주부는 일정한 소득 범위 안에서 식비와 교육비, 주거비와 생활비를 분배하며 가계를 운영합니다. 이는 매우 높은 수준의 자원 배분 능력을 요구하는 일입니다. 가계부를 쓰고, 불필요한 지출을 줄이며, 한정된 예산 안에서 균형을 맞추는 일은 결코 단순하지 않습니다. 그러나 이 판단은 대부분 이미 주어진 돈을 어떻게 관리할 것인가에 집중되어 있습니다. 새로운 산업이 무엇인지, 혁신 기술이 어디서 태어나고 어디로 진화하는지, 자본이 어떤 방향으로 이동하는지는 점점 삶의 중심에서 멀어집니다. 다시 말해 경제를 관리의 영역으로만 인식하는 구조에 오래 머무르게 되는 것입니다.

반대로 남편과 아버지는 조직과 시장 안에서 끊임없는 비교와 경쟁을 경험합니다. 차별화된 기술, 차세대 산업, 글로벌 시장의 변화는 월급과 승진, 조직에서의 생존과 직결되는 문제입니다. 그래서 경제 뉴스와 산업 리포트, 시장 전망은 선택이 아니라 필요가 됩니다. 이 과정에서 수많은 정보와 판단 경험이 쌓이고, 그것은 자연스럽게 경제 감각으로 축적됩니다. 이처럼 반복적 노출의 차이는 단순한 지식 차이를 넘어 자기 효능감의 차이로 이어집니다. 판단해 본 경험이 적은 사람은 점점 스스로를 못하는 사람이라고 인식하게 되고, 이 인식은 실제 능력과 무관하게 점점 단단하게 굳어집니다.

바로 여기서 중요한 지점이 드러납니다. 많은 사람들은 이 상태를 학습된 무기력이라고 부릅니다. 그러나 엄마들의 경우에는 무기력이라기보다 학습된 배제라는 말이 더 정확할 수 있습니다. 스스로 포기한 것이 아니라, 가정의 역할과 구조 속에서 판단의 자리가 반복적으로 비워졌고, 그 자리에 익숙해졌을 뿐입니다. 포기의 서사가 아니라 배제의 서사였다는 사실을 이해하는 순간, 우리는 자신을 탓하던 자리에서 비로소 한 발 물러날 수 있습니다.

정보 비대칭이 지속되면 결정에서 멀어진 사람은 점점 정보에서도 멀어집니다. 판단할 일이 없으니 관심도 줄어들고, 관심이 줄어드니 관련 정보는 더욱 필요 없어 보입니다. 그렇게 경제적 판단에 필요한 핵심 데이터와 맥락은 엄마의 삶에서 조금씩 사라져 갑니다. 이 악순환 속에서 사람은 어느 순간부터 경제를 나와 상관없는 언어로 받아들이게 됩니다. 이해할 수 없는 말이라서가 아니라, 오랫동안 내 언어로 말해 볼 기회가 없었기 때문입니다.

그러나 지금은 과거와 다른 시대입니다. 의지만 있다면 누구나 다시 정보의 흐름 안으로 들어갈 수 있습니다. 경제 정보는 더 이상 특정 직군이나 특정 공간만의 독점물이 아닙니다. 유튜브와 경제 채널, 팟캐스트와 블로그, 뉴스레터와 다양한 온라인 플랫폼을 통해 누구나 고급 경제 정보에 접근할 수 있습니다. 집안일을 하며 경제 뉴스를 틀어둘 수 있고, 이동 시간에 산업 분석 팟캐스트를 들을 수 있으며, 주말이면 새로운 기술과 시장의 변화를 충분히 접하고 해석할 수 있습니다. 정보의 문은 이전보다 훨씬 넓게 열려 있습니다. 이제 중요한 것은 능력이 아니라 다시 그 문 앞에 서겠다는 선택입니다.

지금 엄마들에게 필요한 것은 더 많은 돈이 아닙니다. 더 공격적인 투자를 시작하라는 말도 아닙니다. 지금 우리에게 먼저 필요한 것은 정보가 흐르는 장면에 다시 서는 일입니다. 경제 결정에서 밀려났던 이유를 개인의 한계로 오해하지 않는 순간, 우리는 다시 판단의 자리로 돌아갈 수 있습니다. 그리고 그 순간부터 경제는 더 이상 낯선 세계의 언어가 아니라, 다시 내 삶의 언어로 돌아오기 시작합니다.

온다경제학은 바로 그 자리에서 시작됩니다. 돈을 많이 아는 사람이 되는 것보다 먼저, 정보가 흐르는 곳에 다시 나를 세우는 것. 남의 해석만 듣는 사람이 아니라, 스스로 질문하고 연결하고 판단하는 사람으로 돌아오는 것. 경제는 원래부터 소수만의 언어가 아니었습니다. 다만 오랫동안 어떤 사람들에게 더 자주 허락되었을 뿐입니다. 이제 그 언어를 다시 가져와야 할 시간입니다. 그때 비로소 경제는 나의 삶을 향해, 나의 이름으로 다시 말을 걸어오기 시작할 것입니다.

미국 주식 투자에 도움이 되는 핵심 정보 채널

한경 글로벌마켓

미국 증시 개장 전, 핵심 이슈와 특징주를 빠르게 체크 가능

삼프로TV

미국 시장이 왜 움직였는지 한국 투자자 눈높이에서 해석 가능

CNBC Television

미국 현지 장중 속보와 시장 분위기를 가장 빠르게 파악 가능

SEC EDGAR

개별 기업의 실적, 리스크, 가이던스를 공시 원문으로 직접 확인 가능

Federal Reserve News & Events

금리와 유동성에 영향을 주는 연준의 정책 발표를 원문으로 확인 가능

※ 영문 사이트 및 영상은 한글 번역 또는 자동 번역 텍스트 기능을 활용하면, 영문 채널도 비교적 쉽게 정보에 접근할 수 있습니다.

제5화

나는 지금 어떤 경제 위치에 있는가

의존, 동반, 독립의 세 단계

이제 우리는 한 걸음 물러서서 질문을 바꿔야 할 시점에 와 있습니다. 얼마를 벌고 있는지, 얼마나 모았는지보다 더 근본적인 질문입니다. 나는 지금 어떤 위치에서 경제를 대하고 있는가? 그리고 그 위치는 어떻게 만들어졌는가? 이 질문은 평가를 요구하지 않습니다. 잘했는지 못했는지를 판단하기 위한 질문도 아닙니다. 다만 지금의 나를 하나의 지도 위에 올려놓기 위한 질문입니다. 출발점을 알아야 방향을 정할 수 있기 때문입니다.

많은 엄마들은 '경제적 독립'이라는 말을 듣는 순간 마음이 먼저 경직됩니다. 관계를 끊어야 할 것 같고, 혼자 모든 책임을 져야 할 것 같으며, 지금까지의 삶을 부정해야 하는 것처럼 느껴지기 때문입니다. 그러나 이 책에서 말하는 경제적 독립은 그런 의미가 아닙니다. 그것은 누군가와 등을 지는 선언이 아니라, 경제적 선택과 판단, 그리고 실행의 영역을 다시 회복해 가는 일에 가깝습니다. 다시 말해, **혼자 벌겠다는 결심이 아니라 내 삶과 관련된 경제적 선택에서 내 이름을 지우지 않겠다는 태도의 회복입니다.**

그래서 이 장에서는 경제 상태를 소득의 크기나 자산의 규모로 나누지 않습니다. 대신 판단이 어디에서, 어떤 관계 속에서, 어떤 구조 안에서 이루어지고 있는가를 기준으로 세 가지 위치를 살펴보려 합니다. 의존, 동반, 독립이라는 세 단계입니다. 이 단계들은 위계가 아닙니다. 더 나은 사람과 덜 나은 사람을 가르는 기준도 아닙니다. 다만 지금 내가 어디에 서 있는지를 조금 더 또렷하게 보기 위한 좌표입니다.

먼저 '의존'의 단계가 있습니다. 의존이라는 단어는 흔히 부정적으로 들리지만, 사실 인간의 삶은 본질적으로 의존의 연속입니다. 아이는 부모에게 의존하며 자라고, 가족은 서로에게 기대며 살아갑니다. 문제는 의존 그 자체가 아니라, 선택이 없는 의존이라는 점입니다. 경제적 의존이 위험해지는 순간은 결정이 이루어지는 과정에 내가 존재하지 않을 때입니다. 이 단계에 있는 사람들은 종종 이렇게 말합니다. "남편이 벌어오니까요. 그 사람이 더 잘 아니까요. 저는 관리만 하면 되니까요." 가계부를 쓰고 지출을 조정하며 생활을 꾸려 나가는 역할은 성실하게 수행합니다. 그러나 큰 방향과 중요한 판단, 미래에 대한 결정은 자연스럽게 다른 사람의 몫으로 남겨 둡니다.

이 상태가 오래 지속되면 판단하는 근육은 사용되지 않은 채 점점 약해집니다. 이것은 능력의 부족이 아니라 판단 경험의 결핍에서 비롯되는 매우 자연스러운 결과입니다. 그리고 이 지점에서 사람은 스스로 판단하지 않는 것이 아니라, 어느 순간부터 판단할 자격이 없다고 믿는 사람으로 변해 갑니다. 여기에는 단지 개인의 성향만이 아니라, 아주 오래된 문화적 구조가 함께 작동해 왔습니다.

이 지점에서 우리는 오래된 사회의 문법을 떠올릴 필요가 있습니다. 서양 사회를 포함한 많은 문화권에서 여성은 태어날 때 아버지의 이름 아래 놓이고, 결혼 후에는 남편의 이름으로 불리며, 노년에는 아들의 이름을 통해 삶을 정리하는 방식 속에 살아왔습니다. 이것은 단순한 명명의 관습이 아니라, 여성이 사회적으로 어디에 속해 있는가를 표시하는 구조적 코드였습니다. 이름은 정체성을 규정하고, 정체성은 역할을 만들며, 역할은 다시 경제적 판단의 범위를 제한해 왔습니다. 이 관습이 보여 주는 것은 여성이 스스로 무능해서 의존하게 되었다는 사실이 아닙니다. 오히려 반대입니다. 사회는 오랫동안 여성에게 의존하도록 설계된 자리를 제공해 왔고, 여성들은 그 자리에서 누구보다 성실하게 역할을 수행해 왔습니다. 그런 의미에서 경제적 의존은 개인의 실패라기보다 역사적으로 학습된 위치에 가깝습니다.

두 번째는 '동반'의 단계입니다. 이 단계는 오늘날 많은 엄마들이 서 있는 자리이기도 합니다. 소득의 주체는 다를 수 있지만 판단의 일부는 공유됩니다. 소비든 투자든 중요한 결정 앞에서 설명을 듣고, 질문을 하고, 의견을 나눕니다. 완전한 주도권은 아니더라도 의사결정의 과정에는 참여합니다. 이 단계에 있는 사람들은 종종 자신을 이렇게 이야기합니다. "나는 중간쯤에 있는 것 같아요. 완전히 모르는 것은 아닌데, 그렇다고 자신 있다고 말하기도 어려워요." 그러나 이 상태는 정체가 아니라 이행기에 가깝습니다. 판단의 언어를 다시 배우고 있는 과정이며, 경제적 자존감이 조금씩 회복되는 중간 지점입니다.

이 단계에서 중요한 것은 결정을 내리는 속도가 아닙니다. 판단을 피하지 않는 태도입니다. 완벽한 선택보다 더 중요한 것은 질문을 던지는 경험입니다. 이해가 가지 않는 것을 그냥 넘기지 않고 한 번 더 묻는 것, 설명을 듣고 나의 언어로 다시 정리해 보는 것, 결정의 이유를 함께 생각해 보는 것. 이 작고 반복적인 관여가 쌓일수록 사람은 경제를 두려움의 대상이 아니라 해석 가능한 삶의 언어로 받아들이기 시작합니다. 동반의 단계는 아직 완전한 독립은 아니지만, 더 이상 문밖에 서 있지 않겠다고 마음먹은 사람의 자리입니다.

마지막은 '독립'의 단계입니다. 여기에서 독립의 의미는 혼자 번다는 뜻도 아니고, 누구의 도움도 받지 않는다는 의미도 아닙니다. 이 책에서 말하는 경제적 독립이란 내 삶에 관한 경제적 판단을 스스로 이해하고 결정할 수 있는 상태를 말합니다. 조언을 구할 수는 있지만, 대신 결정해 달라고 넘기지는 않는 상태입니다. 함께 논의할 수는 있지만, 내 삶의 방향을 남의 판단에만 맡기지는 않는 상태입니다.

이 단계에 있는 사람들은 돈의 크기보다 구조를 봅니다. 지금의 선택이 어떤 흐름을 만들고 있는지, 이 결정이 미래의 나에게 어떤 영향을 줄지, 당장의 편안함과 장기적인 자유 사이에서 어떤 균형을 잡아야 할지를 생각합니다. 그리고 무엇보다 선택의 결과를 타인에게 전가하지 않습니다. 성공도 실패도 자신의 판단과 책임 위에 놓습니다. 이때 비로소 불안은 완전히 사라지지 않더라도 관리 가능한 감정으로 바뀝니다. 두려움이 없어지는 것이 아니라 그 두려움을 다룰 수 있는 감각이 생기는 것입니다.

여기서 꼭 짚고 넘어가야 할 점이 있습니다. 이 세 단계는 고정된 위치가 아닙니다. 삶의 국면에 따라, 관계의 변화에 따라 우리는 언제든 앞뒤로 이동할 수 있습니다. 출산과 육아의 시기에는 의존의 비중이 커질 수 있고, 다시 시간과 여유가 생기면 동반이나 독립의 위치로 옮겨갈 수 있습니다. 중요한 것은 어느 단계에 있느냐가 아닙니다. 지금의 위치를 스스로 인식하고 있는가, 바로 그것이 핵심입니다.

경제적 독립과 통제권 회복은 선언만으로는 이루어지지 않습니다. 어느 날 갑자기 이제부터 독립하겠다고 말한다고 해서 생기는 것도 아닙니다. 그것은 아주 작은 선택의 누적으로 시작됩니다. 스스로 질문을 한 번 더 해보는 것, 설명을 듣고 이해하려고 노력하는 것, 숫자가 어렵게 느껴지

더라도 피하지 않는 것, 그렇게 판단과 책임을 조금씩 자기 쪽으로 되돌려 오는 과정입니다. 온다경제학은 바로 이 작은 회복의 움직임을 중요하게 봅니다. 경제는 어느 날 갑자기 정복하는 영역이 아니라, 내 삶으로 다시 천천히 불러들이는 영역이기 때문입니다.

이 장을 통해 꼭 전하고 싶은 메시지는 이것입니다. 지금 당신이 의존의 단계에 있더라도, 그것은 실패가 아닙니다. 다만 그 상태가 나의 선택이었는지, 아니면 너무 오래 반복된 구조 때문에 그렇게 굳어져 버린 것인지를 구분해 보는 인식의 순간이 필요할 뿐입니다. 선택 없는 의존이 미래의 경제적 관점에서 위험한 것이지, 의존 자체가 잘못된 것은 아닙니다. 인간은 원래 서로 기대며 살아가는 존

재이기 때문입니다. 그러나 더 나은 삶을 고민할 권리 역시 누구에게나 주어진 자율의 영역입니다. 그리고 그 권리는 엄마에게도, 아내에게도, 지금 이 글을 읽는 당신에게도 똑같이 주어져 있습니다.

이제 다음 장에서는 한 걸음 더 들어가 보려 합니다. 그렇다면 판단의 영역은 어디서부터 회복해야 하는가? 엄마가 가장 먼저 되찾아야 할 경제 감각은 무엇인가? 그리고 나를 위한 선택을 시작할 때 가장 먼저 마주하게 되는 심리적 저항은 무엇인가? 그 질문들 앞에 서기 전에, 지금은 이 질문 하나만 마음에 남겨도 충분합니다.

나는 지금 어떤 경제 위치에 서 있는가?

그 선택은 내가 선택한 것인가, 아니면 오래된 구조가 대신 선택해 준 것인가?

제6화
불안은 무능이 아니라 신호다

의존 불안을 없애려 하지 말고 읽어라.

엄마에게 불안은 대개 갑자기 찾아오지 않습니다. 아주 사소한 순간에, 설명하기 어려운 감정으로 서서히 스며듭니다. 아이에게 이유 없이 짜증이 날 때, 남편의 지친 얼굴을 보면서도 선뜻 말을 건네지 못할 때, 병원 대기실에서 자신의 이름이 불리는 순간 문득 삶의 허무가 밀려올 때, 불안은 그렇게 조용히 몸과 마음을 적셔 옵니다. 감정은 스며들 듯 시작되지만, 폭발은 늘 갑작스럽게 찾아옵니다. 그래서 사람은 종종 자신에게 묻습니다. '내가 왜 이러지? 왜 이렇게 예민해졌지? 왜 별일 아닌데도 마음이 자꾸 무너질까?'

우리는 이런 감정을 쉽게 자기 탓으로 돌리곤 합니다. 내가 예민해서 그렇다고, 내가 부족해서 그렇다고, 내가 원래 감정 조절을 못하는 사람이라서 그렇다고 해석합니다. 그러나 심리학의 관점에서 보면, 불안은 결코 부족함이나 무능의 증거가 아닙니다. 오히려 지금의 삶의 구조를 점검해 달라는 신호에 가깝습니다. 불안은 잘못된 사람이 보내는 감정이 아니라, 오래된 균열을 더 이상 외면할 수 없을 때 삶이 보내는 알림에 더 가깝습니다.

엄마의 불안은 종종 아이를 향한 감정으로 먼저 터져 나옵니다. 아이를 더 행복하게 키우고 싶은 마음, 더 좋은 기회를 주고 싶은 마음 때문에 엄마는 누구보다 애를 씁니다. 조금이라도 더 나은 학원, 조금이라도 더 나은 교육 환경을 위해 형편보다 무거운 사교육비를 감당하는 선택도 마다하지 않습니다. 그 모든 선택은 사랑에서 시작됩니다. 그러나 고정지출이 점점 커질수록 마음 한편에는 설명하기 어려운 압박이 쌓여 갑니다. 그러다 어느 날 아이가 사소한 일로 투정을 부리거나, 가방 속에 숨겨 둔 성적표를 보는 순간, 엄마는 자신도 모르게 목소리가 높아지고 날카로운 말이 먼저 튀어나옵니다. 아이의 눈빛이 굳어지는 그 짧은 순간, 엄마는 스스로에게 놀라게 됩니다.

그러나 이 감정의 뿌리는 아이 그 자체가 아닐 가능성이 큽니다. 더 깊이 들여다보면, 과도한 고정비와 줄어든 선택의 여지가 만든 심리적 압박, 곧 재정 스트레스가 감정의 출구를 찾은 결과에 가깝습니다. 아이에게 쏟아진 분노처럼 보여도, 실은 오래 누적된 불안이 가장 가까운 곳으로 번져 나온 것일 수 있습니다. 사랑이 부족해서가 아니라, 사랑이 너무 오래 비용과 긴장 위에서만 작동해 왔기 때문에 생겨난 균열일 수 있습니다.

남편을 향한 감정도 비슷합니다. 아내는 이미 알고 있습니다. 남편이 얼마나 치열한 경쟁 속에서 버티고 있는지, 계속 밀려오는 후배들의 기술과 속도 속에서 자신의 자리를 지키기 위해 얼마나 애쓰고 있는지, 월급이라는 숫자 뒤에 얼마나 큰 피로와 두려움이 숨어 있는지를 알고 있습니다. 그런데도 월급이 기대보다 적게 느껴지거나, 예상하지 못한 지출이 갑자기 발생하면 마음속에서는 분노가 먼저 치밀어 오르기도 합니다. 뒤늦게 후회하지만, 미안하다는 말조차 건네지 못한 채 하루를 마감하는 날도 있습니다.

이때의 감정은 남편에 대한 단순한 불만이라기보다, 소득의 불확실성과 미래 예측 불가능성이 만들어 낸 불안이 대상을 바꾸어 표출된 모습일 가능성이 큽니다. 다시 말해 엄마가 화를 내는 것은 사람에게가 아니라, 흔들리는 구조에 대해 반응하고 있는 것일 수 있습니다. 다만 그 구조는 너무 크고 막연해서 직접 붙잡을 수 없기 때문에, 눈앞의 관계를 통해 드러나는 것입니다.

엄마들의 불안은 자신의 몸을 통해서도 말을 걸어옵니다. 나이가 들수록 시력이 흐려지고, 이명이 잦아지며, 혈관과 근육 곳곳에서 이상 신호가 하나둘 올라오기 시작합니다. 병원에 가면 의사는

담담하게 말합니다. 이제
관리가 필요하다고, 더 늦
기 전에 치료를 생각해야
한다고. 그러나 그 말 뒤에
는 언제나 비용이 따라붙습
니다. 치료비, 검사비, 약값,
시간, 그리고 그 시간 동안
하지 못하는 다른 일들의
기회비용까지 함께 계산되
기 시작합니다. 그 순간 엄
마는 묻습니다. 지금 꼭 해

야 할까? 조금 더 버틸 수는 없을까?

이때 느끼는 불안은 단지 건강에 대한 두려움이 아닙니다. 동시
에 나를 위해 비용을 쓰는 일에 대한 심리적 저항이기도 합니다. 이
것은 자신에게 투자하는 행위가 오랫동안 뒤로 밀려 있었다는 명확
한 신호입니다. 몸이 먼저 아프다고 말하고 있는데, 마음은 여전히
나중을 말합니다. 그 사이에서 불안과 분노는 뒤섞여 복합적인 감정
이 됩니다.

그 불안은 과거의 나를 떠올리는 순간 더 선명해지기도 합니다.
결혼 전, 직장생활을 하며 월급을 받던 시절에는 나를 위한 보상의
시간이 있었습니다. 백화점에서 마음에 드는 블라우스를 고르고, 코

트와 가방을 들고 거울 앞에 서던 자신감 있는 모습이 있었습니다. 그러나 결혼과 출산 이후 지출의 구조가 '나'에서 '가족 전체'로 이동하면서 그 시간은 서서히 사라져 버립니다. 미용실에서 굵은 웨이브를 하고 싶어도 비용을 먼저 계산하며 하루를 미루고, 한 달을 미루고, 어느새 일 년을 미루게 됩니다. 일상 속에서 잔잔한 불편을 주는 깨진 치아가 있어도, "지금 꼭 치료해야 하나요?"라고 묻게 됩니다. 의사가 "당장은 아니어도 됩니다."라고 말하면 안도하며 집으로 돌아서지만, 그 안도는 또다시 치료를 뒤로 미루는 핑계가 됩니다. 그리고 그 미룸은 한 달, 여섯 달, 몇 년으로 이어집니다.

이것은 단순한 절약의 문제가 아닙니다. 자신을 향한 선택이 반복적으로 유예되어 온 결과입니다. 이 모든 순간에 공통으로 작동하는 것은 기회비용에 대한 왜곡된 인식입니다. 가족을 위해 지출한 선택이 나쁘다는 뜻이 아닙니다. 문제는 그 선택이 반복되면서 나를 위한 선택이 구조적으로 사라졌다는 데 있습니다. 가족을 위한 소비는 당연한 것이 되고, 나를 위한 소비는 설명이 필요한 것이 됩니다. 그렇게 나를 위한 판단은 점점 작아지고, 나를 위한 허락은 점점 늦어집니다.

SNS 속에서도 엄마는 끊임없이 정보를 찾습니다. 더 좋은 학원, 더 나은 교육 과정, 더 안전한 유학지, 더 효과적인 학습법, 더 괜찮은 비교표를 읽고 또 읽습니다. 어느새 '정보를 서치하는 엄마'라는 역할이 하나의 정체성처럼 굳어집니다. 그러나 그 정보의 대부분은 여전히 아이와 가족을 향하고 있습니다. 나를 위한 정보는 언제나 뒷전으로 밀립니다. 이 계절에 나에게 어울리는 옷, 지금 내 몸에 필요한 관리, 내 삶의 다음 단계에 필요한 공부와 투자, 이런 것들은 늘 나중이 됩니다.

우리는 지금 SNS라는 플랫폼 안에서 풍요의 이미지가 넘쳐나는 가운데, 정서적 빈곤을 더욱 깊게 경험하는 시대를 살고 있습니다. 끊임없는 비교 속에서 존재의 소외를 최소화하지 못하면 어느 순간 임계점을 넘는 때가 옵니다. 자신을 위한 추억 사진 한 장을 찍을 여유도, 용기도 사라져 버립니다. 계절에 맞는 옷 한 벌이 없어 사진 속에 자신의 모습을 남기고 싶지 않게 되고, 결국 올릴 콘텐츠조차 없는 삶처럼 느껴지게 됩니다. 이것은 단지 외모의 문제가 아니라, 정서적 양극화가 극대화된 시대의 한 단면입니다. 비교가 과잉된 시대일수록 사람은 스스로의 빈칸을 더 크게 보게 되고, 그 빈칸은 곧 빈곤감으로 이어집니다. 많은 엄마들은 이렇게 오랜 시간, 말없이 이 감정을 견뎌 왔습니다.

이제는 그 구조를 바꾸어야 합니다. 나를 위한 정보 검색이 이루어져야 하고, 그 정보를 바탕으로 이 계절에 어울리는 옷을 입어야 하며, 절약하는 소비자의 자리에서 나 자신의 아름다움과 존엄을 회복하는 자리로 이동해야 합니다. 그것은 사치가 아니라 회복입니다. 그리고 바로 그 자리가 경제적 통제권을 다시 누리기 시작하는 자리이기도 합니다.

온다경제학은 이런 감정들을 비합리적인 장애물로 보지 않습니다. 오히려 감정은 선택의 구조가 어디에서 균열을 일으키고 있는지를 알려 주는 중요한 단서입니다. 그러므로 불안을 없애려 애쓰기보다, 불안이 무엇을 말하고 있는지를 읽어야 합니다. 지금 느끼는 불안은 더 벌어야 한다는 명령이 아닙니다. 나를 위한 판단의 영역이 지나치게 좁아졌거나, 이미 사라지고 있다는 경고입니다. 감정은 적이 아니라 메시지입니다. 그것을 제대로 읽는 순간, 우리는 처음으로 자기 삶의 구조를 다르게 바라볼 수 있습니다.

불안은 부끄러운 감정이 아닙니다. 구조 점검을 요청하는 긴급 신호입니다. 아이와 남편, 가족을 위해 쌓아 온 선택의 구조 속에서 이제는 나를 위한 선택이 어디에 놓여 있는지를 다시 살펴보아야 할 시점입니다. 불안을 감정과 분리해 정확히 읽을 수 있을 때, 우리는 감정에 휘둘리는 사람이 아니라 감정을 해석하는 사람이 될 수 있습니다. 그리고 바로 그 순간부터, 선택은 다시 나에게로 돌아오기 시작할 것입니다.

정보 부족, 통제 상실, 미래 불확실성

우리는 종종 불안을 하나의 감정처럼 묶어 말합니다. 그냥 불안하다고, 괜히 걱정이 많아졌다고, 그렇게 한마디로 정리해 버리곤 합니다. 그러나 온다경제학과 심리학의 시선으로 바라보면, 불안은 하나의 덩어리가 아닙니다. 서로 다른 성격의 신호들이 겹쳐 나타난 결과에 더 가깝습니다. 그리고 이 차이를 구분하지 못할 때, 불안은 점점 커져 막연한 공포가 되고, 마침내 삶 전체를 압도하게 됩니다.

그래서 이 장에서는 불안을 없애지 않으려 합니다. 대신 불안을 나누어 보려 합니다. 분류는 감정을 약화시키는 가장 강력한 도구이기 때문입니다. 이름 붙일 수 없는 감정은 사람을 지배하지만, 이름이 붙은 감정은 비로소 다룰 수 있는 대상이 됩니다. 막연한 두려움은 나를 얼어붙게 만들지만, 성격이 드러난 불안은 내가 무엇부터 손대야 하는지를 알려줍니다. 결국 불안을 분류한다는 것은 감정을 억누르는 일이 아니라, 감정 속에 숨어 있는 구조를 읽어내는 일입니다.

첫 번째는 정보 부족에서 오는 불안입니다. 이 불안은 말 그대로 잘 모르기 때문에 생깁니다. 예금과 적금의 차이가 무엇인지, 금리가 오르고 내릴 때 내 돈에는 어떤 변화가 생기는지, 물가가 오르면 통장 안의 숫자는 그대로여도 왜 실제 구매력은 줄어드는지, 그런 기본적인 구조를 충분히 이해하지 못할 때 사람은 판단을 자꾸 뒤로 미루게 됩니다. 자신이 없는 이유는 틀릴까 봐서이기도 하지만, 무엇을 모르는지조차 정확히 모르기 때문입니다. 그래서 이 불안의 특징은 막연함입니다. 위험이 구체적으로 보이지 않을수록 감정은 더 크게 부풀어 오릅니다.

이 불안은 마치 빛 하나 없는 동굴 안에 홀로 서 있는 상태와 닮아 있습니다. 앞이 전혀 보이지 않고, 손을 뻗어도 벽인지 낭떠러지인지 알 수 없으며, 한 발 내딛는 일 자체가 두려워집니다. 그런데 이상하게도 등 뒤 어딘가에서 무언가가 따라오고 있다는 감각만은 또렷합니다. 실제 위험보다 더 사람을 압도하는 것은, 아무것도 알 수 없는 상태에서 움직여야 한다는 공포입니다. 정보 부족에서 오는 불안은 바로 그와 같습니다. 그러나 다행히 이 불안은 비교적 명확한 해법을 가지고 있습니다. 잘 모르던 것이 조금씩 이해되기 시작하면, 사람은 금세 자신감을 회복합니다. 다시 말해 이 불안은 학습을 통해 완화될 수 있는 불안입니다.

두 번째는 통제 상실에서 오는 불안입니다. 이 불안은 정보가 어느 정도 들어와 있어도 쉽게 사라지지 않습니다. 왜냐하면 여기서 핵심은 아느냐 모르느냐가 아니라, 내가 결정할 수 있느냐 없느냐이기 때문입니다. 가계부를 쓰고, 지출을 조정하고, 돈의 흐름을 어느 정도 파악하고 있음에도 불구하고 마음이 편해지지 않는 경우가 여기에 해당합니다. 나는 분명 돈을 관리하고 있는데, 이상하게도 경제를 내 손으로 다루고 있다는 느낌은 들지 않습니다. 선택은 이미 다른 곳에서 정해져 있고, 나는 그 결과를 성실하게 집행하는 역할만 맡고 있는 것처럼 느껴질 때, 불안은 지식의 문제가 아니라 구조의 문제가 됩니다.

이 불안은 마치 브레이크가 고장 난 자동차를 운전하는 상태와 닮아 있습니다. 운전석에는 분명 내가 앉아 있고, 핸들도 내가 잡고 있습니다. 겉으로 보기에는 내가 몰고 있는 것처럼 보입니다. 그러나 정작 멈추고 싶을 때 멈출 수 없다는 사실 하나만으로 몸은 계속 긴장하게 됩니다. 문제는 속도가 아니라 통제권이 사라졌다는 감각입니다. 내가 하고는 있지만, 내가 결정하고 있지는 않다는 상태. 통제 상실에서 오는 불안은 바로 이 지점에서 생겨납니다. 그래서 이 불안은 단순한 공부만으로는 충분히 줄어들지 않습니다. 이 경우 필요한 것은 더 많은 정보가 아니라, 판단의 자리에 다시 내 이름을 올리는 일입니다. 질문할 권리, 결정에 참여할 권리, 이해하고 동의할 권리, 때로는 보류할 권리까지 다시 회복되어야만 이 불안은 조금씩 낮아지기 시작합니다.

세 번째는 미래 불확실성에서 오는 불안입니다. 이 불안은 현재의 소득이나 자산의 크기와 상관없이 나타납니다. 아이가 자라면서 늘어날 교육비, 나와 배우자의 커리어 지속 가능성, 건강 문제, 부모 돌봄, 예상하지 못한 큰 지출, 그리고 사회 전체의 기술 변화와 경기 변동까지, 이 모든 것은 언젠가 닥칠 것 같지만 정확히 언제, 얼마나, 어떤 형태로 다가올지는 알 수 없습니다. 이 불안의 핵심은 지금이 아니라 앞으로의 시간에 있습니다. 그래서 이 불안은 당장 해소되기 어렵고, 계획과 구조를 통해서만 천천히 다뤄질 수 있습니다. 시간을 설계하지 못할 때 사람은 단순히 걱정하는 수준을 넘어, 보이지 않는 미래 자체를 두려워하게 됩니다.

이 불안은 끝이 보이지 않

 제1부 돈 이야기가 불편해지는 순간

는 바다 위를 항해하는 배와 닮아 있습니다. 오늘의 바다는 잠시 잔잔할 수 있습니다. 바람도 약하고 파도도 높지 않아, 겉으로는 괜찮아 보일 수 있습니다. 그러나 수평선 너머에 무엇이 있는지 알 수 없고, 그 항해가 어디까지 이어질지 가늠조차 할 수 없을 때, 사람의 마음은 조금씩 지쳐 갑니다. 게다가 배 안의 물과 식량은 하루하루 줄어듭니다. 오늘의 평온은 내일의 안전을 보장하지 않고, 바로 그 사실이 사람을 가장 깊이 피로하게 만듭니다. 미래 불확실성에서 오는 불안은 지금 당장의 결핍보다, 앞으로의 시간을 어떻게 감당해야 할지 알 수 없을 때 생겨나는 지친 두려움에 더 가깝습니다.

중요한 것은 이 세 가지 불안이 서로 따로 존재하지 않는다는 점입니다. 실제 삶에서는 이 불안들이 한꺼번에 겹쳐 나타나는 경우가 많습니다. 그래서 우리는 더 혼란스러워집니다. 공부를 더 해도 불안이 사라지지 않고, 열심히 관리해도 마음이 편해지지 않으며, 지금은 괜찮다고 스스로를 달래 보아도 미래를 떠올리는 순간 다시 숨이 막힙니다. 이것은 내가 약해서가 아닙니다. 서로 다른 성격의 불안을 하나의 방식으로만 해결하려 했기 때문입니다. 공부로 해결할 수 있는 불안과, 판단의 권한을 회복해야만 줄어드는 불안, 그리고 시간을 구조화해야만 다룰 수 있는 불안은 애초에 같은 종류가 아니기 때문입니다.

행동경제학은 인간이 불확실성을 싫어한다고 말합니다. 그러나 더 정확히 말하면 인간은 정체를 알 수 없는 모호함을 가장 두려워합니다. 그래서 사람은 예측 가능한 구조를 만들려 애씁니다. 불안을 분류한다는 것은 바로 이 모호함을 걷어내는 작업입니다. '이 불안은 정보를 채우면 줄어드는 것이구나. 이 감정은 내가 결정권을 회복해야만 낮아지는 것이구나. 이 불안은 시간을 구조화하지 않으면 계속 따라오는 것이구나.' 이렇게 알아차리는 순간, 불안은 더 이상 나를 한꺼번에 집어삼키지 못합니다. 감정은 그대로 남아 있더라도, 그 감정은 이제 막연한 그림자가 아니라 성격을 가진 신호가 됩니다. 그리고 바로 그때부터 삶은 조금 더 객관화된 시선 속에서 다시 설계될 수 있습니다.

그래서 이 장의 목적은 불안을 단순히 줄이는 데 있지 않습니다. 불안을 과제로 바꾸는 데 있습니다. 막연한 공포는 사람을 멈추게 하지만, 구체적인 과제는 다시 손과 발을 움직이게 합니다. 정보 부족의 불안은 배우는 것으로 줄일 수 있고, 통제 상실의 불안은 참여의 자리를 회복함으로써 낮출 수 있으며, 미래 불확실성의 불안은 시간을 설계하는 구조를 세움으로써 다룰 수 있습니다. 이처럼 불안을 나누어 보는 순간, 우리는 감정의 늪에 서 있는 사람이 아니라 구조를 설계할 수 있는 사람으로 조금씩 이동하게 됩니다.

그러므로 이제 필요한 것은 감정을 더 오래 들여다보는 일이 아닙니다. 진정 우리에게 필요한 것은 돈의 문제를 감정의 영역에서 구조의 영역으로 옮겨 놓는 일입니다. 불안은 중요한 출발점이지만, 거기에만 머물러 있으면 사람을 지치게 만듭니다. 이제부터는 그 감정이 가리키는 방향으로 걸어가야 합니다. 무엇을 배워야 하는지, 어디에서 결정권을 회복해야 하는지, 미래를 어떻게 구조화해야 하는지, 그 질문들 앞으로 나아가야 합니다.

다음 장에서는 바로 이 세 가지 불안을 실제로 다루기 위해, 돈을 단순한 관리의 대상이 아니라 구조화된 시스템으로 다시 배치하는 과정을 살펴보게 될 것입니다. 이 장이 불안을 정리하는 마지막 감정의 장이라면, 다음 장은 비로소 통제권 회복을 위한 첫 번째 구조의 장이 될 것입니다. 불안을 없애는 것이 목표가 아니라, 불안을 읽고 그 위에 질서를 세우는 것. 온다경제학은 바로 그 자리에서 비로소 현실의 언어가 됩니다.

제8화

노후, 대재앙의 시작

남은 돈으로 사는 삶이 아니라, 지켜놓고 사는 삶

많은 분들은 '경제적 통제권을 가진다.'는 말을 들으면 먼저 삶을 더 조여야 한다고 생각하십니다. 허리띠를 더 졸라매야 하고, 지금보다 더 아껴야 하며, 결국은 가족을 덜 챙기는 쪽으로 가야 한다고 오해하시기도 합니다. 통제권이라는 말을 들을 때마다 마치 결핍을 감수해야만 얻을 수 있는 어떤 엄격한 태도처럼 느껴지기 때문입니다. 그러나 이 장에서 말하고 싶은 통제권은 그런 종류의 이야기가 아닙니다.

통제권은 더 많이 가지기 위한 욕망이 아니라, 흔들리지 않기 위해 먼저 세워 두어야 할 질서에 가깝습니다. 우리는 오랫동안 아이의 교육비가 중요하니까, 남편의 사회생활이 우선이니까, 가족의 안정을 위해서는 지금 내가 조금 미뤄져도 괜찮다고 생각해 왔습니다. 그런데 이 논리는 늘 같은 결론으로 끝납니다. 이번 달도 나는 마지막이고, 다음 달도 나는 마지막이며, 일 년 뒤에도 나를 위한 선택은 결국 아무 일도 일어나지 않은 채 사라집니다. 문제는 이 선택이 한 번의 희생으로 끝나지 않는다는 데 있습니다. 이 순서가 반복되면 구조가 되고, 구조는 결국 삶의 기본 운영값이 됩니다.

경제적 통제권이 있다는 것은 A가 중요하니 B를 조금 덜 쓰자는 뜻이 아닙니다. 오히려 그 반대입니다. 어떤 영역은 반드시 먼저 확보되어야 하는 본질적인 자리이고, 다른 영역은 그 이후에 조정되어야 하는 삶의 요소입니다. 이 질서가 뒤집히는 순간 삶은 늘 감정과 상황에 끌려다니게 됩니다. 월급이 들어오는 순간을 떠올려 보십시오. 대부분의 가정에서는 가장 먼저 이번 달에 나갈 고정비부터 계산합니다. 교육비, 관리비, 식비, 카드값, 보험료를 정리하고, 남은 돈이 있으면 그제야 저축이나 투자를 생각합니다. 하지만 이 방식으로는 통제권이 생기기 어렵습니다. 통제는 언제나 남은 자리에서 시작되지 않기 때문입니다. 아무것도 남지 않는 자리에서는 통제권도 자라날 수 없습니다.

구조는 이것입니다. 월급이 들어오는 순간, 최소 10퍼센트, 가능하다면 20퍼센트, 여력이 된다면 30퍼센트까지를 먼저 떼어 놓는 것입니다. 이 돈은 생활비가 남아서 생긴 여유 자금이 아닙니다. 처음부터 '미래의 나를 위해 확보해 둔 자리'이며, 나의 판단과 통제권을 위해 선점해 둔 공간입니다. 이번 달이 빠듯하다고 해서 양보해서는 안 되고, 다음 달이 불안하다고 해서 뒤로 미뤄서도 안 되는 비가변 영역입니다. 이 영역이 먼저 확보되어야만, 나머지 70퍼센트 혹은 90퍼센트의 삶도 비로소 주체적으로 조정할 수 있는 힘이 생깁니다.

예를 들어 이번 달에 축의금을 예상보다 많이 내야 한다면, 지난달부터 조정해 둔 생활의 흐름 안에서 균형을 다시 맞출 수 있습니다. 평소보다 값비싼 식사를 하게 되었다면 다음 달 다른 소비를 조금 줄여 비워진 자리를 메울 수 있습니다. 그러나 반드시 지켜야 할 원칙은 하나입니다. 먼저 확보한 이 영역만큼은 절대로 건드리지 않는다는 것입니다. 통제권이 없는 상태에서의 즉흥적 소비는 대개 카드 사용으로 이어지고, 그 카드는 다음 달 더 커진 불안과 공포로 되돌아옵니다. 이 과정이 반복되면 우리는 돈을 쓰고도 즐겁지 않고, 쓰지 않아도 불안한 상태에 머물게 됩니다. 감정 소비가 구조적 심리 불안으로 바뀌는 순간입니다.

반대로 먼저 지켜야 할 영역이 확보된 상태에서의 소비는 무너지는 선택이 아니라 조정 가능한 선택이 됩니다. 같은 소비를 하더라도 한 사람은 불안을 함께 사들이고, 다른 사람은 삶의 균형 안에서 기꺼이 누립니다. 이 차이는 시간이 갈수록 감정의 온도, 선택의 태도, 그리고 노후의 안전판을 완전히 다르게 만들어 냅니다.

이제 한 번 아주 현실적인 계산을 해보겠습니다. 지금 50세라고 가정하고, 은퇴 전 65세까지 앞으로 15년 동안 매달 400만 원의 소득을 벌 수 있다고 해보겠습니다. 이 15년 동안 벌어들이는 총소득은 400만 원에 12개월, 다시 15년을 곱한 7억 2천만 원입니다. 얼핏 보면 적지 않은 돈처럼 느껴집니다. 그러나 이 금액을 시간으로 환산하는 순간 전혀 다른 그림이 드러납니다.

15년간 수입	35년간 무수입
50세　　　65세	100세

400만 원 × 12개월 × 15년 = 7억 2천만 원

7억 2천만 원 ÷ 50년 ÷ 12개월 = 120만 원

15년 동안 매달 400만 원을 벌어 총 7억2천만 원을 만든다 해도, 그것을 50세부터 100세까지 50년의 시간으로 나누면 한 달에 쓸 수 있는 돈은 120만 원뿐입니다. 그런데 현재 소비가 월 600만 원이라면 이 돈은 10년이면 모두 소진됩니다. 결국 우리는 지금의 생활을 유지하는 동안 미래에 써야 할 월 생활비를 이미 앞당겨 쓰고 있는 셈입니다. 노후의 위기는 은퇴 후에 시작되는 것이 아니라 오늘의 소비 구조 속에서 이미 조용히 시작되고 있습니다.

이것은 은퇴 이후의 문제만이 아닙니다. 노후 준비가 부족하다는 정도의 이야기도 아닙니다. 지금의 소비 구조가 이미 60세 이후의 시간을 앞당겨 쓰고 있다는 뜻입니다. 지금의 나는 현재의 월급으로만 사는 것이 아니라, 미래의 노후 자금을 매달 조금씩 당겨 쓰며 살고 있는 셈입니다. 그런데 60세 이후에도 인생은 끝나지 않습니다. 100세까지 산다고 가정하면, 그 이후 40년은 소득이 현저히 줄어든 상태에서 버텨야 하는 긴 시간으로 남습니다. 이것은 단순히 절약을 더 해야 한다는 문제가 아니라, 삶의 스케일 자체가 어느 순간 중간에서 붕괴될 수 있다는 시나리오입니다.

그리고 여기서 진짜 공포는 아직 시작되지도 않았습니다. 방금의 계산은 물가 상승을 전혀 반영하지 않은 숫자이며, 의료비 증가도 넣지 않았고, 간병과 요양, 만성질환, 사고 같은 사건형 지출도 모두 제외한 가정입니다. 그러나 현실은 정반대로 움직입니다. 나이가 들수록 병원에 가는 횟수는 늘어나고, 약값과 치료비는 커지며, 보험으로 다 감당되지 않는 비용도 점점 많아집니다. 여기에 자녀 결혼 비용, 손주 관련 지출, 주거 환경의 변화, 예상하지 못한 사고와 간병 문제까지 더해집니다. 이 모든 것은 '혹시 생길 수도 있는 변수'가 아니라, 높은 확률로 현실에 등장하는 삶의 사건들입니다.

그러므로 지금의 구조를 그대로 유지한다는 것은 아무 일도 없기를 바라며 살아가는 것과 다르지 않습니다. 물론 현실에는 퇴직금이 있을 수 있고, 국민연금이나 퇴직연금, 개인연금, 연금저축 같은 자산이 준비되어 있을 수도 있습니다. 그러나 이 장에서는 의도적으로 그 모든 항목을 제외하고 계산했습니다. 이유는 단순합니다. 이 글은 정밀한 재무 설계 보고서가 아니라, 현재의 소비 구조가 시간을 어떻게 잠식하는지를 독자에게 직관적으로 보여주기 위한 설명이기 때문입니다. 자산이 있다는 사실만으로 현재의 구조가 정당화되지는 않습니다. 오히려 기본 소비 구조가 바뀌지 않는다면 어떤 연금도 충분하지 않을 수 있다는 점을 드러내기 위해 가장 단순하고 가장 냉정한 가정만 사용한 것입니다.

그래서 지금의 구조를 그대로 둔다면, 15년 뒤에 다가오는 것은 노후가 아니라 조기 소진입니다. 이 재앙의 정체는 거창하지 않습니다. 지금의 소비 습관과 자산 구조로는 미래의 생존을 감당할 수 없다는 사실, 바로 그것입니다. 이것은 비관이 아니라 이미 계산이 끝난 결과입니다. 따라서 지금 대책이 없다는 사실 자체가 이미 위험한 상태라는 것을 우리는 오늘 분명히 인식해야 합니다. 문제는 돈을 더 벌지 못해서만 생기는 것이 아닙니다. 돈이 시간을 건너 스스로 증식할 수 있는 구조를 아직 만들지 못했다는 데 더 본질적인 문제가 있습니다.

지금 느끼는 불안은 막연한 감정이 아닙니다. 미래에서 이미 계산이 끝난 결과가 현재의 감정으로 먼저 도착해 있는 것입니다. 그래서 이 불안은 덮어야 할 대상이 아니라, 구조를 바꾸라고 울리는 경고음입니다. 이 장이 다소 공포처럼 느껴진다면 그것은 실패의 증거가 아니라, 정확한 인식이 시작되었다는 뜻입니다. 바로 이 지점에서 우리는 다음 단계로 넘어갈 수밖에 없습니다. 감정의 문제가 아니라 구조의 문제로, 관리의 문제가 아니라 시간과 자산을 연결하는 문제로 넘어가야 하기 때문입니다.

결국 중요한 것은 남은 돈으로 살아가는 삶이 아닙니다. 미래의 나의 몫을 먼저 지켜 놓고 살아가는 삶입니다. 이 차이는 단지 통장 갯수의 차이가 아니라 삶의 태도와 감정 구조의 차이입니다. 불안을 견디는 힘이 아니라 불안을 통제하는 힘은 여기에서 생겨납니다. 온다경제학이 말하는 통제권 역시 바로 이런 것입니다. 더 적게 사는 법을 배우는 것이 아니라, 먼저 지켜야 할 것을 지켜 두고 그 안에서 삶을 설계하는 힘입니다.

끝으로 한 가지 단순한 장면을 떠올려 보겠습니다. 눈앞의 작은 만족을 바로 선택할 것인지, 잠시 기다려 더 큰 보상을 얻을 것인지 앞에 놓였을 때 사람은 비로소 시간의 감각을 드러냅니다. 경제도 다르지 않습니다. 오늘을 모두 소비하는 사람이 아니라, 내일의 나를 현재의 계산 안에 포함시키는 사람이 결국 더 넓은 선택지를 갖게 됩니다. 중요한 것은 참는 의지가 아니라, 미래를 현재의 결정 속에 초대하는 힘입니다.

이 장의 목적은 단순한 절약을 권하는 데 있지 않습니다. 지금의 소비 습관과 자산 구조가 어떤 미래를 만들고 있는지, 그 방향 자체를 다시 점검하자는 데 있습니다. 오늘을 소비하는 사람에서, 자기 통제력을 바탕으로 미래 지향적 계획을 세우고 행동하는 사람으로 옮겨 가는 것, 바로 그것이 이 장이 독자에게 건네고 싶은 핵심입니다. 노후는 어느 날 갑자기 시작되지 않습니다. 지금의 소비 질서와 선택 방식 속에서 이미 조용히 시작되고 있습니다. 그러므로 지금 이 순간의 각성이야말로 가장 현실적인 노후 준비의 첫걸음입니다.

제9화

불안은 사라지지 않습니다

다만, 이제 어디서 시작해야 하는지는 보이기 시작했습니다.

1장의 마지막에 와서야 비로소 조용히 말할 수 있는 것이 하나 있습니다. 우리는 아직 불안에서 완전히 벗어나지 못했습니다. 그러나 이제는 그 불안이 어디에서 만들어졌는지 분명히 알게 되었습니다. 이 차이는 생각보다 훨씬 큽니다. 불안이 아직 남아 있다는 사실보다, 그 불안의 정체가 더 이상 모호하지 않다는 사실이 앞으로의 삶을 훨씬 단단하게 만들 것이기 때문입니다.

하지만 이 이야기를 마무리하기 전에 반드시 짚고 넘어가야 할 전제가 있습니다. 지금 우리가 겪고 있는 경제적 불안과 상대적 빈곤감은 단지 개인의 선택이나 판단 미숙에서 비롯된 것이 아닙니다. 여성으로 태어나고, 아내가 되고, 어머니가 되는 순간부터 우리는 이미 인류의 오래된 문화와 구조 속에서 특정한 역할을 강요 받아왔습니다. 이것은 뒤늦게 생긴 습관의 문제만이 아니라, 삶의 시작부터 작동해 온 불균형에 더 가깝습니다. 그렇다고 이 이야기를 피해의 언어로만 풀고 싶지는 않습니다.

인류의 역사를 바꾸고 문명을 전진시킨 위대한 변화들은 대개 상징적인 남성의 이름으로 기록되어 왔습니다. 그러나 그 모든 남성들 역시 어머니에게서 태어났고, 어머니에게서 세계를 바라보는 첫 시선과 인간을 대하는 태도를 배웠습니다. 철학과 가치관, 감정의 결, 인내와 절제 그리고 자기보다 더 큰 것을 위해 자신을 내어놓는 법은 거의 예외 없이 어머니를 통해 전승되어 왔습니다. 어머니의 헌신과 사랑, 희생과 돌봄은 인류 생존의 가장 근본적인 인프라였습니다. 문명은 오랫동안 어머니의 무임금 노동 위에서 성장하고 진화해 왔고, 사회는 그 헌신을 너무 쉽게 당연한 것으로 소비해 왔습니다.

문제는 바로 그 숭고함이 어머니 개인의 욕구와 선택을 지우는 방식으로 굳어졌다는 데 있습니다. 인류를 키워 온 존재가, 정작 자신의 삶에서는 욕망을 말하지 않는 사람이어야 했던 구조, 바로 그것입니다. 그러나 지금은 다른 시대입니다. 이제는 사랑과 헌신을 감당하면서도 동시에 자신의 욕구를 인정하고, 자신을 위한 선택을 병행할 수 있는 조건이 열린 시대입니다. 정보는 더 이상 특정 집단의 전유물이 아니며, 경제 또한 전문가만의 언어로만 남아 있지 않습니다. 배움과 확장은 삶의 어느 시점에서도 다시 시작할 수 있게 되었습니다.

그럼에도 불안이 쉽게 사라지지 않았던 이유는, 우리가 여전히 "여성은 여기까지."라는 오래된 문장을 자기 안에 남겨 두고 있었기 때문입니다. 우리는 아직까지 단 한 번도 자본 증식을 살펴보지 않았습니다. 투자 방법을 설명하지도 않았고, 금융상품의 수익률을 비교하지도 않았으며, 당장 무엇을 사야 하는지 말하지도 않았습니다. 그럼에도 앞의 내용이 반드시 필요했던 이유는 분명합니다. 돈을 다루기 전에, 돈 앞에서 늘 스스로를 뒤로 물려왔던 우리 자신의 모습과 구조를 먼저 이해해야 했기 때문입니다.

1화에서 우리는 돈 이야기가 왜 불편해 졌는지를 되짚었습니다. 그 불편함은 무능의 결과가 아니었습니다. 하루에도 수십 번씩 아이의 일정과 가족의 감정, 관계의 균형을 조율하며 이미 너무 많은 판단을 감당해 온 사람이, 돈이라는 영역 앞에서 한 발 물러난 것은 회피라기 보다 생존 전략에 가까웠습니다. 그러나 전략은 반복되면 습관이 되고, 습관은 결국 구조가 됩니다. 아이가 먼저이고, 가족이 먼저이며, 나는 나중이라는 선택은 어느새 삶의 기본값으로 굳어졌습니다.

2화에서는 그 구조를 더 깊이 들여다보았습니다. 많은 엄마들은 경제를 모르는 사람이 아니었습니다. 문제는 경제를 '관리의 영역' 까지만 허용해 왔다는 점이었습니다. 살림을 꾸리고 지출을 조정하며 가계를 안정적으로 운영하는 능력은 분명 있었지만, 자산의 흐름을 읽고 장기적인 자유를 설계하는 영역에서는 스스로를 바깥에 두고 있었습니다. 이때 만들어진 "나는 여기까지만 하면 된다."는 문장은 겸손처럼 보였지만, 실제로는 자기 제한의 신념으로 작동하며 선택의 범위를 좁혀 왔습니다. 실패해서가 아니라, 너무 오랫동안 자기 안의 솔직한 목소리를 밀어낸 채 살아왔기 때문에 판단의 근육이 조용히 멈춰 있었던 것입니다.

3화에서는 벌고 있음에도 왜 불안한지를 다시 행동의 언어로 바꾸어 보았습니다. 불안의 핵심은 돈의 크기 자체가 아니었습니다. 이 돈의 흐름에 내가 개입하고 있다는 감각, 다시 말해 통제감이 약해졌기 때문에 흔들리고 있었던 것입니다. 지출을 감당하고 생활을 유지하고 있으면서도 방향 설정에는 참여하지 못하는 상태, 바로 그 지점에서 삶은 살아가는 것이 아니라 견디는 것으로 바뀌기 시작했습니다. 여기에 현실의 숫자들이 겹쳐질수록 불안은 공포에 가까운 형태로 변해 갔습니다. 늘어나는 교육비, 예측 불가능한 미래, 기술 변화 속에서 점점 불안정해지는 소득의 곡선, 그리고 양극화된 SNS 소비 풍경까지 겹쳐지면서 상대적 박탈감은 더욱 깊어졌습니다.

우리는 소비의 중심에 있으면서도 정작 가장 소비되지 않는 사람이 되어 갔습니다. 돌봄과 정보 탐색과 가족의 만족을 위해 애쓰는 동안, 나를 위한 선택은 구조적으로 사라지고 있었습니다. 그래서 SNS의 풍요 속에서 오히려 가장 극단적인 빈곤감을 경험하게 되었습니다. 나를 드러낼 장면이 사라진 상태, 나를 위해 남겨 둔 시간이 사라진 상태, 그리고 결국 나 자신을 설명할 언어까지 희미해진 상태가 우리 안에 깊이 쌓여 갔습니다.

그래서 1부의 결론은 분명합니다. 불안을 없애기 위해 더 벌어야 한다는 이야기가 아닙니다. 더 공격적으로 투자하라는 뜻도 아닙니다. **먼저 회복해야 할 것은 통장의 갯수나 잔고가 아니라, 경제적 선택의 자리 위에 다시 내 이름을 올리는 일입니다.** 이해하고, 질문하고, 개입할 수 있는 자리로 되돌아오는 것, 바로 그것이 통제의 회복이며 온다경제학의 첫걸음입니다.

이제 우리는 2부로 넘어갑니다. 1부에서 우리는 2부를 감당할 만큼의 감정의 근육을 조금씩 회복해 왔습니다. 이제부터는 돈 그 자체를 이해해야 합니다. 돈의 속성은 무엇인지, 돈은 어떤 방식으로 작동하는지, 왜 많은 사람들에게 돈은 자산이 아니라 오히려 불안을 키우는 존재로 남아 있는지, 그 구조를 차근차근 바라보아야 합니다. 돈을 많이 알기 위해서가 아닙니다. 돈을 덜 두려워하기 위해서입니다. 그리고 두려움 없이 바라볼 수 있을 때 비로소 돈은 삶을 압박하는 대상이 아니라 선택을 가능하게 하는 도구로 바뀌기 시작할 것입니다.

불안은 아직 남아 있습니다. 그러나 이제 그 불안은 막연한 그림자가 아니라 방향을 가리키는 신호가 되었습니다. 어디에서 시작해야 하는지, 무엇부터 회복해야 하는지, 왜 지금까지 내가 스스로를 자꾸 뒤로 밀어냈는지가 조금씩 보이기 시작했습니다. 그리고 그 방향의 끝에는 돈을 지배하려는 내가 아니라, 돈과 함께 선택할 수 있는 내가 기다리고 있습니다.

이제 마지막으로 하나의 질문이 남습니다. 우리가 회복하려 한 통제권는 과연 어떤 시대를 전제로 해야 지속될 수 있을까요? 돈을 아는 것만으로 충분할까요, 아니면 돈이 흘러갈 수밖에 없는 시대의 구조까지 함께 읽어야 비로소 오래 버틸 수 있을까요? 그래서 3부에서는 단순히 돈을 늘리는 기술을 설명하지 않으려 합니다. 대신 돈이 흘러갈 수밖에 없는 시대의 방향과 구조를 설명하려고 합니다. 산업혁명은 늘 기술의 진보로 시작되었고, 그 기술은 노동의 방식과 자산의 이동 경로를 바꾸어 왔습니다. 지금 우리는 인공지능과 자동화, 데이터와 알고리즘이 인간의 판단 영역까지 확장하는 거대한 전환점 위에 서 있습니다. 이 변화 속에서 필요한 것은 막연한 예측이 아니라 흔들리지 않는 기준입니다. 구조를 이해한 사람만이 레버리지를 도구로 사용할 수 있고, 기술의 진보를 위협이 아니라 기회로 바꾸어 낼 수 있습니다.

1부에서 우리는 감정을 복원했습니다. 2부에서는 돈의 구조를 이해하게 될 것입니다. 그리고 3부에서는 그 구조가 오래 버틸 수 있도록 시대의 지도를 펼쳐 보게 될 것입니다. 이 온다경제학의 구조적 여정을 통해 우리는 더 이상 돈을 좇는 사람이 아니라, 변화 앞에서도 스스로의 선택을 지켜 낼 수 있는 사람으로 조금씩 자라나게 될 것입니다. 결국 우리가 회복하려는 것은 돈 그 자체가 아니라, 돈 앞에서도 끝내 자기 삶의 자리를 비우지 않는 태도이기 때문입니다.

제2부

부자 엄마를 위한 경제 과외

어떤 무기와 장비로 무장할 것인가

우리는 오랫동안 성실하게 살아왔습니다. 농사를 짓듯 하루하루를 일구고, 맡은 몫을 다하며, 주어진 자리에서 최선을 다하면 삶은 언젠가 그 성실함에 응답해 줄 것이라 믿으며 살아왔습니다. 그 믿음은 틀리지 않았고, 그 태도 또한 결코 부끄럽지 않았습니다. 그러나 그렇게 살아왔음에도 불구하고, 어느 순간부터 설명하기 어려운 불안과 불만이 삶의 바닥에 오래 고여 있음을 느끼게 됩니다. 아직 큰 실패를 겪은 것도 아닌데, 통장을 들여다보는 밤이면 마음이 먼저 답답해지고, 미래를 떠올리면 이유를 알 수 없는 막연한 공포가 밀려옵니다. 열심히 살았는데도 왜 자꾸 제자리인 것 같은지, 그 이유를 누구도 분명하게 말해 주지 않았습니다.

그 불안은 개인의 나약함 때문이 아니었습니다. 우리는 이미 돈의 전장 한가운데에 서 있었지만, 그 전장의 규칙을 배운 적이 없었습니다. 마치 평범하게 삶을 일구며 살아가던 사람이 어느 날 갑자기 징집되어, 수많은 병사들 틈으로 편입된 것과도 같았습니다. 왜 싸우는지도 모른 채, 어디로 이동하고 있는지도 모른 채, 누군가의 명령에 따라 발길을 옮기며 버텨야 하는 상태였습니다. 돈 앞에서 우리가 느꼈던 불안과 공포는 바로 그 감각에서 비롯되었습니다. 우리는 성실했지만 선택할 수 없었고, 버텼지만 방향을 정할 수 없었습니다. 돈을 벌고 쓰는 법은 배워왔지만, 돈이 어떤 구조 안에서 움직이고 누구를 위해 작동하며 어떤 방식으로 증식되는지에 대해서는 배우지 못한 채 살아왔습니다.

그 결과 우리는 예금이라는 얇은 방패 하나만 든 채, 물가 상승이라는 보이지 않는 총알과 기회비용이라는 창 앞에 오래 노출되어 있었습니다. 아무 일도 하지 않았다고 믿었던 시간 동안에도 나를 위한 선택지는 조용히 사라지고 있었고, 체력과 시간은 함께 줄어들고 있었습니다. 과거에는 그렇게 병사의 자리에서도 어느 정도는 살아남을 수 있던 시대가 있었습니다. 시대의 성장 과실이 자동으로 모두에게 조금씩 나뉘어 가던 때가 있었기 때문입니다. 그러나 지금은 다릅니다. 공평한 분배가 자동으로 이루어지던 시대는 지나갔고, 책임과 판단이 개인에게 점점 더 많이 넘어온 시대에서 병사의 위치는 갈수록 위험해지고 있습니다.

제1부는 바로 이 사실을 자각하는 시간이었습니다. 불안의 원인이 단지 돈이 없어서가 아니라, 돈의 전장을 이해하지 못한 채 그 안을 끌려다니고 있었기 때문이라는 깨달음의 시간이었습니다. 그러나 전쟁에서 자각만으로 살아남을 수는 없습니다. 이제 필요한 것은 역할의 전환입니다. 더 이상 징집된 병사의 자리에 머무는 것이 아니라, 전장을 내려다보며 판단하는 지휘관의 자리로 옮겨 가야 합니다. 이 싸움은 누구도 대신 싸워주지 않습니다. 내가 판단하지 않으면, 결국 누군가의 판단에 따라 내 인생이 움직일 뿐입니다.

병사는 기회비용을 계산하지 않습니다. 병사는 자신의 인생 전체를 놓고 전략을 세우지 않습니다. 병사는 명령에 따라 움직일 뿐, 구조를 설계하지 않습니다. 그런 상태에서는 나를 위한 경제적 자립도, 나를 위한 자본 증식의 기회도 만들어 낼 수 없습니다. 계속 병사로 머무는 한 우리는 늘 불안에 반응하며 살아갈 수밖에 없습니다. 그래서 이제는 결단이 필요합니다. 더 이상 끌려다니는 싸움이 아니라, 내가 이해하고 판단하며 진두지휘하는 싸움으로 전환해야 할 때입니다.

제2부는 바로 그 지점에서 시작됩니다. 이제부터는 돈을 대하는 태도 자체가 달라져야 합니다. 돈의 속성을 이해한다는 것은 돈을 많이 아는 것이 아닙니다. 돈이 어떤 규칙으로 움직이는지, 무엇이 시간을 빼앗고 무엇이 시간을 벌어다 주는지, 그 흐름을 전장의 언어로 읽어내는 일입니다. 이자가 어떻게 시간을 가져가는지, 물가

상승이 왜 가장 조용하면서도 집요한 적인지, 그리고 레버리지가 왜 무모한 돌격이 아니라 시간을 앞당기는 전략이 될 수 있는지를 하나씩 살펴보게 될 것입니다. 이것은 부자가 되기 위한 과장이 아닙니다. 지휘관이라면 최소한 알아야 할 전장의 기본 규칙입니다.

이 장은 하나의 정답을 강요하지 않습니다. 대신 각자의 전투 조건을 점검하게 합니다. 지금 내 돈은 어디에 배치되어 있는지, 이 선택은 나를 지키고 있는지 아니면 나를 멈추게 하고 있는지, 그리고 나는 시간을 벌고 있는지 잃고 있는지를 스스로 묻게 될 것입니다. 누군가에게는 예금이 여전히 필요한 방패일 수 있고, 누군가에게는 퇴직연금이 오랫동안 방치된 자원일 수 있으며, 또 다른 누군가에게는 주식과 레버리지가 전략적 이동 수단이 될 수도 있습니다. 중요한 것은 무엇이 가장 강력한 무기인가가 아닙니다. 지금의 나에게 어떤 도구가, 어떤 순서로, 어떤 상황에서 가장 적절한가를 아는 일입니다.

돈의 전쟁은 이미 시작되었습니다. 피할 수 없다면, 이제는 맞아가며 버티는 병사의 삶이 아니라 이해하고 선택하며 지휘하는 삶으로 옮겨 가야 합니다. 다시 농사짓듯 성실함만으로 버티던 시절로 돌아갈 수는 없습니다. 이제 우리에게 필요한 성실함은 방향 없는 성실함이 아니라, 전략과 기준을 가진 성실함입니다.

제2부는 부자가 되는 기술을 발휘하기 전에, 먼저 전장에서 살아남는 법을 배우는 장입니다. 누군가 내 인생을 대신 싸워주기를 기

다리는 것이 아니라, 나의 판단으로 움직이는 전장을 만들어 가는 출발점입니다. 돈을 무서워하는 사람에서 돈의 흐름을 읽는 사람으로, 흔들릴 때마다 반응하는 사람에서 구조를 이해하고 선택하는 사람으로 옮겨 가는 첫걸음이 바로 여기서 시작됩니다.

제1화

돈의 속성

왜 돈은 대부분의 사람을 부자로 만들지 않는가?

우리는 너무 오래 착각해 왔습니다. 돈은 열심히 사는 사람에게 언젠가 골고루 돌아갈 것이라고, 성실하게 버티고 있으면 마침내 내 몫도 오게 될 것이라고 믿어 왔습니다. 그러나 현실은 그 믿음과 전혀 다른 방향으로 움직여 왔습니다. 수많은 사람들이 일하고, 만들고, 소비하고, 삶을 지탱하며 거대한 경제를 떠받치고 있지만, 자본의 열매는 언제나 극소수에게 더 빠르게, 더 크게, 더 오래 집중됩니다. 이것은 음모가 아닙니다. 돈이 가진 본래의 속성 때문입니다. 돈은 공평하게 흩어지려는 존재가 아니라, 구조를 따라 소수에게 집중되려는 성질을 가지고 있습니다.

이 사실을 모른 채 돈의 전장에 들어서면 어떤 일이 벌어질까요? 아무리 열심히 살아도, 아무리 아끼고 버텨도, 돈과는 끝내 친해질 수 없습니다. 돈은 착한 사람에게 머무르지 않습니다. 성실한 소비자에게 오래 붙어 있지도 않습니다. 돈은 구조를 읽는 사람, 흐름 위에 올라서는 사람, 가치를 만들어 내는 사람에게로만 이동합니다. 이것은 도덕의 문제가 아니라 속성의 문제입니다. 물이 낮은 곳으로 흐르듯, 돈 역시 자신이 증식될 수 있는 방향으로만 흘러갑니다.

돈의 껍질을 하나씩 벗겨 보면 그 본성은 꽤 선명합니다. 돈은 흩어지기보다 집중되려 하고, 가만히 멈춘 곳보다 움직이는 곳으로 향합니다. 돈은 숫자 그 자체보다 그 숫자가 맡고 있는 역할을 중요하게 여깁니다. 안전이라는 이름으로 오래 묶여 있는 돈보다, 시간을 이길 수 있는 구조 위에 놓인 돈을 더 좋아합니다. 소비로 사라지는 돈보다 증식되는 돈을 선호하고, 기다리는 사람보다 설계하는 사람에게 더 민감하게 반응합니다. 무엇보다 돈은 언제나 가치가 창출되는 방향으로만 움직입니다. 도움이 생기고, 효율이 높아지고, 누군가의 시간을 줄여 주고, 새로운 선택지가 만들어지는 곳에 돈은 어김없이 따라붙습니다.

여기에 반드시 하나를 더 덧붙여야 합니다. 돈은 단 1초도 쉬고 싶어 하지 않는 존재라는 사실입니다. 돈은 잠들지 않습니다. 은행에 들어온 예금은 대출이라는 이름으로 다시 세상 밖으로 나가고,

그 대출은 기업의 투자와 소비로 이어지며, 그 과정에서 만들어진 수익은 다시 금융 상품과 자본 시장으로 돌아옵니다. 그렇게 돌아온 돈은 또 다른 대출이 되고, 또 다른 투자로 이어집니다. 이 순환은 낮에도 밤에도, 평일에도 주말에도 쉬지 않습니다. 돈은 끊임없이 돌고, 연결되고, 스스로를 더 크게 만들 기회를 찾습니다. 두 배, 열 배, 때로는 수십 배로 자신을 불리려는 성질, 그것이 돈의 가장 솔직하고도 냉정한 본성입니다.

그래서 질문은 단순해집니다. 이 쉬지 않는 돈의 흐름 위에 나는 올라타 있는가, 아니면 그 아래에서 그 흐름을 구경만 하고 있는가? 돈을 아끼는 것만으로는 충분하지 않습니다. **돈을 시스템 위에 올려놓아야 합니다. 내가 잠들어 있는 동안에도 돈이 일하도록 구조를 만들어야 합니다.** 예를 들어 우리가 한국에서 잠든 밤, 미국의 거대한 기업들은 낮의 시간을 살아갑니다. 전 세계의 자본과 기술이 집중된 시장에서 기업들은 쉬지 않고 가치를 만들어 냅니다. 내가 그런 기업들 위에 자본을 올려놓고, 필요하다면 레버리지를 활용해 그 구조에 참여한다면, 나는 쉬고 있어도 내 돈은 일하는 자리에 서게 됩니다.

반대로 그들이 쉬는 시간에는 우리는 다시 점검할 수 있습니다. 더 나은 기업은 없는지, 더 좋은 기회는 없는지, 지금의 자본 배치는 여전히 유효한지, 필요하다면 리밸런싱을 통해 자리를 옮겨야 하는지 묻게 됩니다. 이것이 돈을 쓰는 삶과 돈을 배치하는 삶의 결정적인 차이입니다. 돈은 가만히 두면 썩지는 않을지 몰라도, 불릴 기회를 놓칩니다. 그러나 흐름 위에 올려놓는 순간, 돈은 비로소 자기 본성대로 움직이기 시작합니다.

이 원리는 자본만의 이야기가 아닙니다. 가치 역시 같은 속성을 가집니다. 내가 가진 경험과 지식, 문제 해결 능력을 한 번 구조화해 놓으면, 그 가치는 내가 잠든 사이에도 전달됩니다. 책 한 권, 온라인 콘텐츠 하나, 블로그 글, SNS 위에 올려진 통찰, 플랫폼 위에 설계된 서비스는 내가 쉬는 동안에도 누군가에게 읽히고 소비되며 도움이 됩니다. 그리고 그 도움은 다시 돈을 만들고, 그 돈은 다시 자본이 됩니다. 이것이 소비자에게는 거의 일어나지 않지만, 창조자에게는 열리는 구조입니다.

여기서 우리가 반드시 붙잡아야 할 핵심은 두 가지입니다. 첫째, 돈은 소비자의 사고방식에 오래 머물지 않는다는 점입니다. 소비자는 돈을 쓰는 순간 만족을 느끼지만, 그 순간 돈과의 관계도 끝납니다. 돈은 소비되는 자리에서 사라지고, 반복되는 소비의 구조 안에서는 다시 돌아오지 않습니다. 그래서 아무리 많이 벌어도 늘 빠듯하고, 늘 불안한 상태가 반복됩니다. 둘째, 돈은 창조자의 사고방식을 가진 사람에게 더 잘 붙는다는 점입니다. 창조자는 먼저 묻습니다. 내가 잘하는 것은 무엇인가? 사람들이 실제로 필요로 하는 것은 무엇인가? 그리고 이 둘을 연결해 어떤 가치로 만들 수 있는가? 그 가치는 거창할 필요가 없습니다. 누군가의 시간을 줄여 주는 서비스

일 수도 있고, 불안을 덜어 주는 정보일 수도 있으며, 반복되는 문제를 해결해 주는 작은 구조일 수도 있습니다. 중요한 것은 그 결과물이 실제로 누군가에게 도움이 되는가입니다.

돈은 이상할 정도로 이 지점을 좋아합니다. 누군가에게 실질적인 도움이 되는 가치가 생기기 시작하면, 돈은 설명하지 않아도 그쪽으로 이동합니다. 억지로 쫓아가지 않아도 따라오고, 집착해 붙잡지 않아도 관계가 형성됩니다. 그래서 돈의 전장에서 가장 먼저 바꾸어야 할 것은 투자 종목도, 금융 상품도 아닙니다. 사고방식입니다. 나는 지금 소비자의 자리에 서 있는가, 아니면 창조자의 자리로 이동하고 있는가. 온다경제학이 돈을 이해하는 첫 번째 문도 바로 여기에 있습니다. 돈을 감정으로 대하는 것이 아니라, 속성과 구조로 읽는 태도입니다.

이 장에서 우리가 하려는 일은 단순합니다. 첫째, 돈을 감정이 아니라 속성으로 이해하는 것입니다. 돈은 착하지도 나쁘지도 않습니다. 다만 쉬지 않고 움직이며 증식되려는 방향성을 가진 존재라는 사실을 인정해야 합니다. 둘째, 소비에 최적화된 삶에서 벗어나 창조와 전달의 구조로 내 위치를 옮기는 것입니다. 이 두 가지가 맞물리는 순간, 돈과의 관계는 전혀 다른 방식으로 다시 시작됩니다.

여기서 《삼국지》의 한 장면을 떠올려 보아도 좋겠습니다. 돈의 속성을 가장 직관적으로 보여 주는 장면이기 때문입니다. 적벽대전 직전, 유비 진영에는 심각한 문제가 하나 있었습니다. 곧 대규모 해

전을 치러야 하는데, 병사들에게 지급할 화살이 턱없이 부족했던 것입니다. 주유는 제갈공명에게 열흘 안에 화살 십만 개를 만들라고 명합니다. 사실상 불가능한 임무였습니다. 재료도 부족했고, 시간도 모자랐고, 인력도 넉넉하지 않았기 때문입니다. 대부분의 사람이라면 밤을 새워 화살을 만들었을 것입니다. 아니면 불가능을 호소하며 시간을 벌려 했을 것입니다. 그러나 제갈공명은 전혀 다른 선택을 합니다. 화살을 만들지 않기로 한 것입니다.

그는 짚으로 만든 허수아비를 가득 실은 배를 준비하고, 짙은 안개가 낀 새벽 강 위로 배를 띄웁니다. 그리고 적진 가까이 다가갑니다. 안갯속에서 움직이는 배를 본 적군은 대규모 공격이 시작된 것으로 착각하고, 보이지 않는 적을 향해 수많은 화살을 퍼붓습니다. 그러나 그 화살이 꽂힌 것은 병사가 아니라 허수아비였습니다. 제갈공명은 그 화살을 고스란히 받아낸 뒤 배를 돌려 돌아옵니다. 그렇게 단 한 개의 화살도 만들지 않고, 단 며칠 만에 십만 개가 넘는 화살을 손에 넣습니다.

이 장면이 바로 돈의 속성입니다. 병사는 돈을 모아 화

살을 사려고 합니다. 지휘관은 구조를 만들어 화살이 스스로 모이게 합니다. 제갈공명은 화살을 구매하지 않았습니다. 그는 화살이 날아오게 만드는 플랫폼을 설계했습니다. 밤이라는 시간, 안개라는 환경, 적군의 불안이라는 심리를 읽고, 자원이 스스로 이동하도록 구조를 짰습니다. 그 구조 안에서는 화살이 쉬지 않고 쌓였습니다. 돈도 정확히 이와 같습니다. 돈은 부탁한다고 오지 않습니다. 애쓴다고 따라오지 않습니다. 돈은 구조 위에 올려졌을 때만 스스로 이동합니다. 우리가 잠들어 있는 동안에도 미국의 기업들이 일하고, 우리가 한 번 만들어 놓은 가치가 온라인과 플랫폼 위에서 전달되듯, 돈은 쉬지 않는 구조를 좋아합니다. 책, 콘텐츠, 서비스, 투자 시스템은 모두 현대판 지푸라기 병사입니다. 돈을 스스로 끌어오게 만드는 배이자, 구조입니다.

그래서 돈의 전장에서 가장 중요한 질문은 이것입니다. 나는 지금 화살을 사러 시장을 뛰어다니고 있는가, 아니면 화살이 모이게 만드는 배를 띄우고 있는가? 왜 돈은 98.5%의 사람을 백만장자로 만들지 않는가? 왜 돈은 소수에게만 응축되는가? 대부분의 사람은 평생 화살을 사려고 하고, 소수만이 화살이 모이는 구조를 만들기 때문입니다. 대부분의 사람은 돈을 쉬게 만들고, 소수만이 돈을 밤낮없이 일하게 만들기 때문입니다.

제2부의 모든 이야기는 이 장면 위에서 펼쳐집니다. 물가와 이자, 기회비용과 레버리지, 연금과 주식은 모두 화살을 더 잘 모으기

위한 도구들입니다. 돈은 쉬지 않습니다. 그러니 이제 우리도 돈이 쉬지 않게 만드는 지휘관의 자리로 이동해야 합니다. 이 장은 바로 그 자리를 향한 첫 번째 발걸음입니다. 이 장은 불편한 진실을 정면으로 마주하게 만드는 장이면서, 동시에 하나의 선언을 담은 장이기도 합니다. 이제 더 이상 소비자로만 살지 않겠다고, 쉬지 않는 돈의 속성을 이해한 사람으로 전장에 서겠다고, 그렇게 조용하지만 분명하게 결심하는 장입니다.

제2화

물가 상승과 이자의 싸움

은행에 맡긴 내 돈은 누구를 위해 일을 하고 있는가?

우리는 오랫동안 은행이 가장 안전한 장소라고 배워 왔습니다. 힘들게 번 돈을 맡겨 두면 사라지지 않고, 원금이 지켜지며, 이자라는 이름의 작은 보상이 다시 돌아온다고 믿어 왔습니다. 그래서 많은 분들이 이렇게 말합니다. "욕심내고 싶지 않아." "위험한 것은 싫어." "그냥 은행에 넣어 두는 것이 가장 마음 편해." 이 말은 매우 상식적으로 들립니다. 실제로도 오랫동안 은행은 가장 익숙하고 가장 무난한 선택지였습니다. 그러나 이제는 그 익숙함을 다시 들여다보아야 할 때가 되었습니다. 그 편안함이 정말 내 돈을 지켜 주는 편안함이었는지, 아니면 단지 내가 불안을 잠시 느끼지 않게 해 준 감정의 쿠션이었는지를 말입니다.

은행에 돈을 맡긴다는 것은 겉으로 보기에는 아무 일도 일어나지 않는 선택처럼 보입니다. 통장 속 숫자는 그대로 남아 있고, 잔고는 사라지지 않으며, 화면 위의 금액은 어제와 비슷한 안정감을 줍니다. 그래서 우리는 안심합니다. 그러나 이 정적인 화면은 우리 눈에만 그렇게 보일 뿐입니다. 실제 경제의 바깥 세계에서는 완전히 다른 일이 동시에 벌어지고 있습니다. 바로 물가 상승이라는 보이지 않는 힘이 조용하지만 집요하게 내 돈의 가치를 깎아 내리고 있습니다.

물가는 누구와도 협상하지 않습니다. 내가 얼마나 성실하게 살았는지, 얼마나 절약했는지, 얼마나 애써 버텨 왔는지 따져 묻지 않습니다. 물가는 그저 시간과 함께 움직입니다. 어제와 같은 돈으로 오늘은 같은 것을 살 수 없고, 오늘의 돈은 내일의 삶을 같은 수준으로 지켜 주지 못합니다. 여기에서 중요한 사실 하나가 드러납니다. 통장 안의 숫자는 그대로일 수 있지만, 그 숫자가 실제로 살 수 있는 삶의 범위는 조용히 줄어들고 있다는 점입니다. 문제는 이 손실이 너무 천천히, 너무 자연스럽게 진행되기 때문에 대부분의 사람들이 그것을 손실로 느끼지 못한다는 데 있습니다.

그래서 우리는 다시 묻게 됩니다. 은행 이자는 과연 무엇을 의미하는가? 많은 분들은 이자를 받으면 내 돈이 불어났다고 느낍니다. 그러나 구조적으로 보면 이자는 내 돈의 손실을 겨우 완충해 주는 장치일 뿐인 경우가 많습니다. 물가가 4퍼센트 오르는 동안 예금 이자가 2퍼센트라면, 이자를 받았음에도 실제로는 2퍼센트의 구매력을 잃고 있는 셈입니다. 이자를 4퍼센트 받더라도 물가가 6퍼센트 오른다면, 여전히 뒤로 밀리고 있는 것입니다. 다만 그 손실이 통장 숫자에서 바로 보이지 않을 뿐입니다. 숫자는 줄지 않았는데 삶이 더 팍팍해지는 이유가 바로 여기에 있습니다.

예를 들어 예금금리가 4.22퍼센트였던 시기를 떠올려 보겠습니다. 숫자만 놓고 보면 결코 낮지 않아 보입니다. 그러나 같은 시기에 전기, 가스, 수도요금이 12.6퍼센트 상승하고, 외식물가가 7.7퍼센트 상승했다면, 실제 삶의 체감은 전혀 다를 수밖에 없습니다. 통장은 분명 이자를 받았는데, 생활에 드는 비용은 더 비싸졌습니다. 예금은 늘었는데도 장바구니는 더 가벼워졌고, 외식 한 번 하는 게 더 부담스러워졌습니다. 이것은 단지 느낌의 문제가 아닙니다. 내 돈의 실질 가치가 조용히 침식되고 있었다는 뜻입니다.

이제 한 걸음 더 들어가 보겠습니다. 우리가 노동해서 벌어들인 소득의 상당 부분은 결국 은행으로 들어갑니다. 겉으로 보면 내 돈은 거기에 안전하게 보관되어 있는 것처럼 보입니다. 그러나 실제로 은행은 그 돈을 전부 금고 안에 넣어 두지 않습니다. 금융 시스템의 원칙상 은행은 예금의 일부만 예비금으로 남기고, 나머지 대부분은 다시 시장에 내보냅니다. 이것이 지급준비제도의 기본 구조입니다. 쉽게 말해 내가 은행에 100만 원을 맡기면, 은행은 그중 일부만 실제 인출에 대비해 보관하고, 상당 부분은 다른 개인과 기업에게 대출하거나 투자와 금융 활동의 재원으로 활용합니다.

즉 내가 맡긴 돈은 은행 안에서 쉬고 있는 것이 아니라, 은행을 통과해 다시 세상 밖으로 나가 일하고 있다는 뜻입니다. 기업은 그 돈을 가지고 사업을 확장하고, 사람을 고용하고, 설비에 투자하며, 제품과 서비스를 만들어 수익을 냅니다. 그렇게 벌어들인 돈은 다시 금융 시스템으로 돌아오고, 다시 예금과 대출과 투자라는 고리를 거치며 더 크게 증식됩니다. 이 흐름은 한 번으로 끝나지 않습니다. 여러 단계를 거치며 반복되고, 반복될수록 더 커집니다. 그런데 이 모든 과정에서 가장 성실하게 처음 돈을 맡긴 사람, 즉 예금자인 나는 그 거대한 증식 구조의 가장 바깥에 서 있는 경우가 많습니다.

바로 이 지점에서 불편한 질문이 시작됩니다. 은행은 정말 예금자인 나를 위해 존재하는가, 아니면 내 돈을 포함한 전체 자본을 가장 효율적으로 굴리기 위해 존재하는가? 은행은 원래부터 돈을 쉬게 두는 곳이 아닙니다. 오히려 돈을 가장 효율적으로, 가장 끊임없이, 가장 안정적인 방식으로 굴리는 곳에 가깝습니다. 문제는 그 효율의 과실이 누구에게 먼저 돌아가는가입니다. 내 돈은 밤낮없이 일하고 있는데, 그 노동의 열매가 정작 내 통장에 충분한 만큼 돌아오지 않는다면, 우리는 더 이상 "은행에 넣어 두면 안전하다."는 한 문장만으로 설명할 수 없습니다.

그래서 다시 질문해야 합니다. 은행에 돈을 맡기는 선택은 정말 지금의 고물가 환경에서도 여전히 가장 바른 선택일까요? 아니면 이미 구조적으로 정해진 흐름 속으로, 내 돈을 습관적으로 편입시키는 선택일까요? 이 질문은 당장 은행을 떠나라는 명령이 아닙니다. 정답을 강요하려는 것도 아닙니다. 다만 내가 하고 있는 선택의 성격을 정확히 인식하자는 뜻입니다. 아무것도 하지 않는 것처럼 보이는 선택조차 사실은 매우 분명한 방향을 가진 선택이라는 점을 알아야 하기 때문입니다.

이 장을 읽으며 느껴야 할 감정은 공포가 아닙니다. 죄책감도 아닙니다. 내가 지금까지 잘못 살아왔나 하고 자책할 필요도 없습니다. 이 글은 과거의 선택을 비난하기 위해 쓰인 것이 아니라, 그 선택이 어떤 시대적 배경과 구조 위에 놓여 있었는지를 이해하기 위해 쓰인 글입니다. 이해는 언제나 변화의 출발점입니다. 그리고 구조를 이해하는 순간, 우리는 더 이상 막연한 불안 속에서 돈을 바라보지 않게 됩니다.

여기서 반드시 짚고 넘어가야 할 시대적 착각이 하나 있습니다. 1980년대 후반과 1990년대 초반의 대한민국은 경제가 빠르게 성장하던 시기였습니다. 소득은 빠르게 늘었고, 은행 이자율도 지금과 비교할 수 없을 만큼 높았습니다. 그 시절 은행에 돈을 맡기는 선택은 실제로 매우 합리적이었고, 많은 가정의 삶을 지켜 주는 효과적인 방패였습니다. 문제는 그 시절의 기억이 오늘까지도 관성처럼 남아 있다는 데 있습니다. 우리 어머니와 할머니 세대가 경험한 "은행은 안전하다."는 진실이, 구조가 완전히 달라진 지금에도 그대로 통용된다고 믿게 된 것입니다.

바로 여기서 가정 안의 경제 교육 부재가 드러납니다. 우리는 학교에서도, 집에서도 돈의 구조를 제대로 배우지 못한 채 성인이 되는 경우가 많습니다. 대신 반복해서 듣는 말이 있습니다. "돈은 아껴야 한다, 은행에 넣어 저축해야 한다, 주식은 위험하다, 괜히 욕심내면 망한다." 이런 문장들은 오랜 세월 동안 하나의 생활 윤리처럼 마음속에 남습니다. 그러나 지금은 1990년대가 아닙니다. 성장률은 낮아졌고, 이자율은 예전만큼 높지 않으며, 물가는 훨씬 더 꾸준하게 오르고 있습니다. 환경은 바뀌었는데 선택만 과거에 머물러 있다면, 우리는 더 이상 안전한 선택을 하고 있는 것이 아니라 시대착오적인 선택을 반복하고 있는 것일지도 모릅니다.

이 변화는 생활 속에서 너무나 선명하게 드러납니다. 한때 500원이던 짜장면 한 그릇이 이제는 8천 원, 9천 원, 어떤 곳에서는 1만 원을 훌쩍 넘습니다. 시장에 돈이 많이 풀릴수록 돈의 가치는 내려가고, 우리가 사야 하는 물건의 가격은 반대로 올라갑니다. 이것이 인플레이션의 본질입니다. 이렇게 물가가 꾸준히 상승하는 환경 속에서 낮은 이자율에만 기대어 은행에 돈을 넣어 두는 선택이 과연 내 삶을 지켜 줄 수 있을까요. 현실적으로는 그렇지 않을 가능성이 큽니다. 오히려 그 선택은 내 돈의 가치를 천천히, 그러나 확실하게 깎아내리는 방식일 수도 있습니다.

그래서 지금의 선택은 과거와 같을 수 없습니다. 고속 성장이 끝난 사회에서, 낮은 이자율과 지속적인 물가 상승을 동시에 견뎌야 하는 시대에, 과거의 안전 공식을 그대로 반복하는 것은 더 이상 보수적인 선택이 아닙니다. 그것은 어쩌면 시대 변화를 외면한 채, 가장 익숙한 곳에만 머무는 선택일 수 있습니다. 구조가 달라졌다면, 그 구조를 바라보는 시선부터 달라져야 합니다. 돈의 세계에서 안전은 감정이 아니라 구조로 증명되어야 하기 때문입니다.

결국 이 장의 끝에서 남는 질문은 단순합니다. 내 돈은 지금 어떤 구조 안에 놓여 있는가? 그리고 나는 그 구조를 이해한 채 이 선택을 하고 있는가? 이 질문 앞에 처음으로 멈춰 서게 되었다면, 이미 변화는 시작된 것입니다. 돈은 더 이상 단순히 보관하는 대상이 아니라,

어디에 놓이느냐에 따라 전혀 다른 삶의 결과를 만드는 자원이기 때문입니다.

다음 화에서는 이 선택의 결과가 시간이 지나며 어떻게 더 큰 손실로 쌓여 가는지를, 우리가 자주 놓치고 있는 '기회비용'이라는 개념을 통해 더 깊이 들여다보게 될 것입니다.

자본의 하이어라키,

그리고 할 수 있었는데 하지 않았던 것들의 대가

노동자는 시간을 팝니다. 하루 여덟 시간이라는 계약된 노동만이 아니라, 출근을 위한 준비와 이동, 업무가 남긴 피로와 퇴근 이후의 회복 시간까지 더하면 하루 열두 시간, 때로는 그 이상을 일이라는 구조 안에 묶인 채 살아갑니다. 삶에서 가장 단단하고 되돌릴 수 없는 부분을 시간 단위로 잘라 시장에 내어놓고, 그 대가로 우리는 월급이라는 숫자를 매달 받습니다. 이 구조는 너무 익숙해서 의심의 대상이 되지 못합니다. 일하면 돈이 생기고, 쉬면 돈이 멈춘다는 감각은 너무도 자연스럽게 삶의 바닥에 깔려 있습니다. 그래서 우리는 오랫동안 이것이 돈을 버는 거의 유일한 방식이라고 믿어 왔습니다. 돈은 흘린 땀의 교환물이고, 노동은 생존의 기본값이라는 인식이 우리 안에 깊게 자리 잡고 있었습니다.

그러나 이 구조를 조금만 더 멀리서 바라보면, 노동자의 층위 위에는 또 다른 자리가 존재합니다. 우리는 그들의 직업 뒤에 '사'라는 글자를 붙입니다. 판사, 검사, 변호사, 변리사, 회계사, 의사처럼 말입니다. 이들은 시간을 그대로 파는 것이 아니라, 긴 시간에 걸쳐 축적한 전문성과 자격, 그리고 희소성을 시장에 제공합니다. 같은 한 시간을 써도 그 한 시간의 단가가 훨씬 높습니다. 그것은 단순히 오래 공부했기 때문만이 아니라, 시장이 그 지식과 판단에 더 높은 값을 매기기 때문입니다. 그러나 이 자리 역시 누구에게나 쉽게 열려 있는 문은 아닙니다. 긴 교육 기간과 높은 진입 장벽, 경쟁과 투자, 어린 시절부터의 오랜 준비가 필요합니다. 노동자의 자리에서 전문직의 자리로 이동하는 것이 원리상 불가능한 일은 아니지만, 짧은 시간 안에, 손쉽게 넘어설 수 있는 문도 아닙니다.

그리고 그 '사'의 자리 위에는 또 다른 층위가 있습니다. 우리는 그들을 '가'라고 부릅니다. 기업가입니다. 이들은 노동자를 고용하고, 필요할 때는 전문직을 고용해 일정 기간 서비스를 활용하며, 자신은 구조를 설계하고 시스템을 만들고 흐름을 조직합니다. 노동자는 자신의 시간을 팔고, 전문직은 자신의 전문성을 팔지만, 기업가

투자자
(Investor)
기업가
(Entrepreneur)
전문가
(Professional)
노동자
(Worker)

는 사람과 시간과 자본을 연결해 더 큰 흐름을 만들어 냅니다. 이들은 시간을 직접 팔지 않습니다. 대신 조직과 시스템을 통해 시간을 확장합니다. 그러나 이 자리 역시 아무에게나 쉽게 허락되지 않습니다. 자본과 감각, 시장을 읽는 눈, 실패를 견디는 체력과 정신력, 포기하지 않는 인내가 동시에 필요합니다. 그래서 많은 사람들은 이 지점에 이르면 아예 선을 그어 버립니다. 나는 여기까지가 한계라고, 저 세계는 나와는 다른 사람들의 세계라고 말입니다.

그런데 대부분의 사람들이 끝내 보지 못하는 자리가 하나 더 있습니다. 기업가의 자리 위에 있는 또 하나의 자리, 바로 투자자의 자리입니다. 이 자리는 직업이 아니라 위치입니다. 더 정확히 말하면, 행동을 통해 스스로 올라설 수 있는 경제적 위치입니다. 그리고 무엇보다 중요한 것은, 이 자리가 생각보다 훨씬 많은 사람들에게 열려 있다는 사실입니다. 노동으로 수입을 올리는 사람도, 월급을 받는 사람도, 소비와 저축의 경계에 서 있는 사람도, 원리상으로는 충분히 그 문 앞에 설 수 있습니다.

노동자는 시간을 팔아 월급을 받고, 그 월급은 소비로 사라지기도 하고 자본의 씨앗이 되기도 합니다. 바로 그 지점에서 운명이 갈립니다. 노동자는 자신의 노동 수입을 통해 투자자의 위치로 이동할 수 있습니다. 그러나 안타깝게도 대부분의 사람들은 이 마법 같은 가능성을 거의 사용하지 않습니다. 투자자가 될 수 있는 자격을 이미 가지고 있으면서도, 그 자격을 행사하지 않은 채 평생 노동자의 위치에 머뭅니다. 노동이 나쁘기 때문이 아닙니다. 다만 노동만으로는 시간이 나 대신 일하는 구조를 만들기 어렵기 때문입니다.

여기서 등장하는 개념이 바로 기회비용입니다. 기회비용은 눈앞에서 돈을 잃는 경험이 아닙니다. 벌 수 있었던 가능성을 선택하지 않았기 때문에 조용히 사라진 미래의 몫입니다. 그래서 더 무섭습니다. 보이지 않기 때문에, 우리는 그것을 손실이라고 느끼지도 못한 채 살아갑니다. 통장에 찍히지 않고, 계산서로 날아오지 않고, 카드 명세서에도 남지 않습니다. 그래서 기회비용은 언제나 조용합니다. 그러나 바로 그 조용함 속에서 가장 잔인하게 인생 위에 누적됩니다.

아주 직관적인 예를 하나 들어 보겠습니다. 어느 날 회사에서 인센티브나 보너스로 200만 원이 추가로 들어왔습니다. 월급과는 다른, 예상하지 못했던 돈입니다. 많은 사람들은 이런 돈을 '그냥 써도 되는 돈'으로 자연스럽게 분류합니다. 그래서 기분 좋은 저녁 식사로, 여행으로, 술자리로, 혹은 오래 미뤄 두었던 소비를 한 번에 풀어내는 데 사용합니다. 그날 저녁 고급 식당에서 "오늘은 내가 낼게."라고 말하는 순간, 돈은 자존심과 감정과 기분의 언어로 바뀝니다. 며칠간의 즐거움은 분명히 존재합니다. 그러나 그 돈은 거기서 생을 마감합니다. 그 소비는 기억으로 남을 수는 있어도 구조로 남지는 않습니다.

반대로 같은 200만 원을 자본으로 전환했다면 어떨까요? 어느 구조적 산업 전환의 초기에, 시장의 흐름을 읽고 장기적으로 가치가 커질 기업이나 자산에 그 돈을 배치했다면, 그 돈은 전혀 다른 생을 살기 시작합니다. 중요한 것은 특정 종목 하나의 성공담이 아닙니다. 인공지능, 반도체, 클라우드, 데이터센터, 전기차, 자동화처럼 시대의 구조가 움직이는 방향 위에 자본을 올려놓았을 때, 돈은 더 이상 한 번 쓰이고 끝나는 것이 아니라 스스로 자라나는 가능성을 품게 됩니다. 200만 원은 단지 200만 원으로 끝나는 것이 아니라, 그 다음의 400만 원, 800만 원, 그 이후의 복리 구조로 이어질 수 있는 출발점이 됩니다.

여기서 중요한 것은 결과 숫자 자체보다 구조입니다. 같은 출발선에 서 있던 두 사람은 단 하나의 선택으로 전혀 다른 시간 속으로 들어갑니다. 한 사람은 다시 다음 달 월급을 기다립니다. 다른 한 사람은 시간과 자본이 함께 일하는 시스템 안으로 이동합니다. 기회비용의 잔인함은 바로 여기에 있습니다. 고급 식당과 술자리에 쓴 200만 원은 그날의 만족을 남깁니다. 그러나 사지 않은 자산, 시작하지 않은 투자, 구조 위에 올려놓지 않은 돈에 대해서는 아무 기록도 남지 않습니다. 하지 않은 선택은 기억되지 않고, 기록되지 않은 손실은 사람을 가장 쉽게 속입니다. 우리는 무엇을 잃었는지조차 모른 채 살아가게 됩니다.

그래서 시간이 조금 흐른 뒤 사람들은 이렇게 말하곤 합니다. 투자는 위험하다고. 그러나 더 위험한 것은 기회비용을 계산하지 않은 채 삶을 살아가는 일일지도 모릅니다. 손실을 본 경험은 두려워하면서, 한 번도 만들지 못한 가능성의 손실은 손실로 인정조차 하지 않는 상태, 바로 거기에서 삶은 계속 같은 자리를 맴돌게 됩니다.

이 장이 모든 사람에게 무조건 투자를 강요하려는 것은 아닙니다. 다만 분명히 인식해야 할 사실은 있습니다. 자본의 상위 구조로 올라가는 일이 불가능해서 이루어지지 않은 것이 아니라, 많은 경우 그 가능성을 내 삶의 선택지로조차 올려놓지 않았기 때문에 시작조차 되지 않았다는 점입니다. 노동 수입은 단순히 이번 달 소비로 끝나라고 들어오는 돈이 아닙니다. 그것은 미래 자본으로 전환될 수 있는 매우 귀한 씨앗입니다. 어떻게 쓰느냐에 따라 그 씨앗은 나무가 되기도 하고, 단 하루의 기분으로 끝나 버리기도 합니다.

그리고 바로 여기에서 온다경제학이 다시 등장합니다. 우리는 이미 다가올 미래의 많은 것들을 알고 있습니다. 인공지능, GPU, 데이터센터, 반도체 생태계 변화, 글로벌 자본의 이동, 산업의 재편. 뉴스는 끊임없이 반복되고, 리포트는 넘쳐나며, 기회는 때때로 눈앞을 지나갑니다. 그런데도 우리는 행동하지 않습니다. 경제는 이해의 영역이기도 하지만, 결국 행동의 영역입니다. 그런데 우리는 경제를 자꾸 생각의 문제로만 다룹니다. 언젠가 풀어야 하지만 지금은 미루어도 괜찮은 어려운 수학 문제처럼 다루며, 알고 있다는 안도감으로 행동을 대신해 버립니다.

행동하지 않은 선택은 기록되지 않습니다. 그렇기 때문에 기회비용은 통장에 찍히지 않습니다. 그러나 시간이 지나면 그 차이는 숫자로 너무도 분명해집니다. 누군가는 같은 월급으로 계속 소비를 반복하며 다시 다음 달을 기다리고, 누군가는 같은 월급으로 자본의 구조 안에 작은 씨앗을 심어 시간을 자기 편으로 만들기 시작합니다. 격차는 처음에는 보이지 않습니다. 그러나 보이지 않는 차이는 언제나 시간이 지나 가장 크게 드러납니다.

이 장을 덮는 순간에도 선택은 이루어집니다. 행동할 것인가, 아니면 어제처럼 다시 미룰 것인가? 오늘의 월급은 소비로 끝날 것인

가, 아니면 미래의 자본으로 남을 것인가? 이 질문 앞에 처음으로 멈춰 섰다면, 이미 구조는 보이기 시작한 것입니다. 그리고 구조가 보이기 시작했다면, 이제 남은 것은 선택뿐입니다.

지금 이 순간, 당신 앞에 조용히 놓여 있는 기회비용을 당신은 오늘 어떻게 대하시겠습니까?

제4화
레버리지는 빚이 아니다

시간을 앞당기는 구조의 언어

레버리지라는 단어를 들으면 많은 엄마들은 본능적으로 한 발 물러섭니다. 괜히 손대면 안 될 것 같고, 잘못 건드리면 가정 전체가 흔들릴 것 같은 두려움이 먼저 올라오기 때문입니다. 우리는 오랫동안 빚은 나쁜 것이고, 안정은 빚을 지지 않는 상태라고 배워 왔습니다. 그 믿음은 분명 삶을 지키는 데 도움이 되었던 시절이 있었습니다. 그러나 모든 시대의 구조가 같은 방식으로 작동하는 것은 아닙니다. 우리가 오래 두려워해 온 것은 레버리지라는 원리 자체라기보다 그 원리를 이해하지 못한 채 감당해야 했던 과거의 경험과 감정이었는지도 모릅니다.

그래서 이 장에서는 레버리지를 무조건 권하지도 않겠습니다. 그렇다고 무조건 부정하지도 않겠습니다. 대신 정확히 이해해 보려 합니다. 이해는 감정을 누그러뜨리고, 구조를 보게 하며, 선택의 기준을 바꾸기 때문입니다. 두려움은 대개 모호한 곳에서 자라지만, 원리는 이해되는 순간부터 비로소 다룰 수 있는 것이 됩니다.

레버리지는 금융이 발명한 개념이 아닙니다. 고대 그리스의 과학자 아르키메데스는 받침점과 충분히 긴 지렛대만 있다면 지구도 들어 올릴 수 있다고 말했습니다. 이 문장에서 중요한 것은 힘의 크기가 아니라 위치입니다. 같은 힘이라도 어디에 두고 어떻게 작용시키느냐에 따라 결과는 완전히 달라집니다. 이것이 레버리지의 본질입니다. 레버리지는 힘을 과장하는 기술이 아니라 구조를 바꾸는 기술이고, 돈을 더 버는 비법이 아니라 같은 자원을 다르게 작동시키는 설계입니다. 그래서 레버리지는 본질적으로 위험한 것이 아니라, 이해하지 못했을 때만 위험해지는 원리라고 말하는 편이 더 정확합니다.

사실 엄마들은 이미 일상 속에서 레버리지를 사용하며 살아가고 있습니다. 아이의 학원비를 지금 지불하면서 그 효과가 미래의 역량으로 돌아오기를 기대하는 것, 현재의 시간을 들여 자격증을 준비하며 이후의 소득을 높이려는 것, 지금의 희생을 통해 미래의 가능성을 키우는 모든 선택은 넓은 의미에서 시간에 대한 레버리지입니다. 현재의 자원을 미래의 가치로 연결하는 사고, 그것이 이미 레버리지의 출발점입니다. 그런데 돈 이야기만 나오면 우리는 갑자기 그 구조를 낯설어합니다. 돈은 숫자로 보이고, 숫자는 차갑게 느껴지기 때문입니다. 그러나 학원비와 자산의 차이는 감정의 차이일 뿐, 원리의 차이는 아닙니다. 둘 다 현재의 자원을 미래의 가치로 연결하는 구조라는 점에서는 본질적으로 같습니다.

우리는 집을 통해서도 레버리지를 경험합니다. 월세는 현재의 소득으로 현재의 거주를 해결하는 방식입니다. 당장의 부담은 비교적 작을 수 있지만, 시간이 흘러도 남는 것은 거의 없습니다. 반면 자가는 미래의 소득 일부를 앞당겨 현재의 자산으로 전환하는 구조입니다. 겉으로는 대출이라는 형태를 띠지만, 그 본질은 시간의 이동입니다. 미래의 나에게서 일부를 빌려와 현재의 나를 위한 자산을 확보하는 선택인 셈입니다. 여기서 중요한 것은 빚이 있느냐 없느냐가 아닙니다. 시간이 지난 뒤 무엇이 남느냐입니다. 레버리지는 바로 그 시간 뒤에 분명히 남는 것을 설계하는 언어입니다.

부동산에서의 레버리지는 이 점을 더욱 선명하게 보여 줍니다. 예를 들어 1억 원의 자기자본으로 5억 원의 자산을 통제하고, 그 자산이 6억 원이 되면 상승분 1억 원은 고스란히 내 몫이 됩니다. 내가 넣은 돈은 1억 원이지만, 구조는 5억 원짜리 자산 전체의 움직임 위에서 작동합니다. 그래서 배율이 생깁니다. 그러나 반드시 함께 이해해야 할 부분이 있습니다. 자산 가격이 하락하면 손실 역시 배율로 확대된다는 점입니다. 10퍼센트의 하락이 내 자본에는 훨씬 더 큰 충격이 될 수도 있습니다. 그래서 레버리지는 구조를 충분히 이해하고, 시간의 방향을 읽고, 감정이 아니라 기준으로 움직일 때만 의미가 있습니다. 이해하지 못한 배율은 용기가 아니라 무모함이기 때문입니다.

금융에서도 이 원리는 동일하게 작동합니다. 예를 들어 과거 장기 평균 기준으로 미국 대표 지수는 연 8퍼센트에서 10퍼센트 안팎의 성장률을 보여 왔습니다. 물론 이것은 보장된 미래가 아니라 지나온 평균일 뿐이며, 시장은 언제든 조정과 변동성을 동반합니다. 그럼에도 금리가 낮은 환경에서 자금을 연 4퍼센트 수준으로 조달하고, 장기적으로 시장의 평균 성장률이 이를 웃돈다면 그 차이는 시간이 지날수록 구조적으로 누적됩니다. 반대로 금리가 높아지거나 시장이 오랜 기간 조정을 겪는다면 구조는 순식간에 거꾸로 작동할 수도 있습니다. 그래서 레버리지는 단기 승부의 기술이 아니라, 시간과 확률을 함께 이해하는 설계입니다. 서두르지 않고, 감정에 흔들리지 않으며, 오랜 시간 유지할 수 있을 때에만 레버리지는 비로소 의미를 갖습니다.

여기서 우리는 시간을 더 깊게 바라볼 필요가 있습니다. 시간은 단순히 흘러가는 단위가 아니라 축적의 방향입니다. 같은 10년이라도 어떤 사람에게는 소비로 사라지고, 어떤 사람에게는 자산으로 쌓입니다. 어떤 가정에게는 월세로 흩어지고, 어떤 가정에게는 자산이라는 형태로 남습니다. 시간의 차이는 결국 구조의 차이에서 비롯됩니다. 그리고 시간에는 되돌릴 수 없다는 무서운 특성이 있습니다. 흘러간 5년은 다시 설계할 수 없습니다. 그래서 레버리지는 미래를 예언하는 기술이 아니라, 흘러갈 시간을 어떤 방향으로 둘 것인가를 결정하는 기술입니다. 레버리지는 돈의 기술이기 전에 시간과 방향의 기술입니다.

이제 우리는 가장 불편한 질문 앞에 서야 합니다. 우리는 종종 레버리지를 쓰지 않겠다고 말합니다. 빚을 지지 않겠다고 결심하고, 위험을 피하겠다고 다짐합니다. 그러나 구조는 우리의 다짐과 무관하게 움직입니다. 당신이 월세를 내는 동안 그 월세는 누군가의 자산을 밀어 올리는 지렛대가 됩니다. 당신이 은행에 돈을 묶어 두는 동안 그 예금은 기업의 성장과 확장을 위한 자금으로 사용됩니다. 당신이 가만히 있다고 생각하는 시간에도 자본은 움직이고, 기업은 확장하고, 시장은 성장합니다. 즉 내가 중립이라고 믿는 자리에서도 구조는 이미 방향을 갖고 작동하고 있다는 뜻입니다.

우리는 아무것도 하지 않는 것이 중립이라고 믿어 왔습니다. 그러나 경제에서 완전한 중립은 거의 존재하지 않습니다. 가만히 있는 것조차 하나의 방향을 가진 선택입니다. 레버리지를 쓰지 않는 것도 넓은 의미에서는 하나의 레버리지입니다. 다만 그 지렛대가 내 자산을 들어 올리는 방향이 아니라, 다른 구조를 유리하게 만드는 방향으로 작동하고 있을 뿐입니다. 내가 두려움 속에서 멈춰 있는 동안에도, 누군가는 구조를 이해한 채 시간을 앞당기고 있습니다. 우리가 안심이라고 부르는 선택이, 사실은 시간을 포기하는 선택일 수도 있다는 이 문장은 불편하지만 진실에 가깝습니다.

그래서 저는 묻고 싶습니다. 당신은 지금 시간을 기다리는 사람입니까, 아니면 시간을 설계하는 사람입니까? 레버리지는 빚이 아닙니다. 레버리지는 지렛대입니다. 그리고 지렛대는 정확한 위치에 놓였을 때만 무거운 것을 들어 올립니다. 핵심은 많이 빌리는 데 있지 않습니다. 얼마나 정확히 이해하고, 얼마나 오래 버틸 수 있으며, 무엇

을 남기기 위해 이 구조를 쓰는가에 있습니다.

이 장에서 우리가 얻어야 할 것은 무모함이 아닙니다. 이해입니다. 감정이 아니라 구조입니다. 레버리지를 이해하는 순간 우리는 더 이상 시간을 흘려보내는 사람이 아니라, 시간을 배치하는 사람으로 이동하게 됩니다. 바로 그 이동이 돈에 대한 두려움을 줄이고, 선택의 기준을 세우며, 경제적 통제권을 회복하는 시작이 됩니다.

그리고 이제 우리는 다음 장으로 넘어가야 합니다. 이미 우리 손 안에 들어와 있으면서도 거의 들여다보지 않았던 자산, 퇴직연금이 우리를 기다리고 있습니다. 레버리지가 시간을 앞당기는 도구라면, 퇴직연금은 이미 우리에게 주어져 있는 시간의 저장소이기 때문입니다. 많은 사람들이 그 저장소를 방치한 채 살아갑니다. 그러나 구조를 이해하는 사람에게 그것은 잠들어 있는 시간이 아니라 깨워야 할 자산입니다.

제5화

퇴직연금은 방치된 자산이다

BD, DC, IRP, 누가 결정하고 있는가?

퇴직연금 이야기를 꺼내는 순간 많은 분들의 마음에는 "벌써?" 라는 말이 먼저 떠오를지도 모릅니다. 퇴직이라니, 아직 내 마음과 감각은 한참 젊은데, 아직은 먼 이야기 같은데, 지금 하루를 꾸려 가는 것만으로도 벅찬데 벌써 노후까지 생각해야 하느냐는 감정이 먼저 올라오기 때문입니다. 그래서 퇴직연금은 늘 중요하다고는 들었지만, 정작 자세히 들여다본 적은 없는 영역으로 남아 있습니다. 바로 이 지점에서 퇴직연금은 가장 조용히 방치된 자산이 됩니다.

누군가가 무심하게 "DB야? DC야? 아니면 IRP로 관리해?" 라고 물으면, 많은 사람들은 잠시 표정이 멈춥니다. 정확히 알지 못하지만 괜히 모른다고 말하기도 머쓱해서, 대충 웃으며 말을 넘기고 그 순간을 지나갑니다. 그리고 하루가 지나도, 일주일이 지나도, 그것이 무엇이고 어떤 차이를 만드는지 다시 들여다보지 않은 채 바쁜 일상으로 돌아갑니다. 문제는 이 자산이 미래의 돈으로만 남아 있는 것이 아니라, 이미 지금의 선택과 무관심에 의해 그 결과가 크게 달라지고 있다는 사실입니다.

퇴직연금은 시간이 지나면 저절로 잘 자라는 돈이 아닙니다. 오히려 아무 결정도 하지 않을수록 가장 비효율적인 방향으로 흘러가기 쉬운 자산에 가깝습니다. 많은 분들이 "회사에서 알아서 해주겠지."라고 생각하지만, 실제로 회사가 해주는 것은 관리이지, 개인에게 가장 유리한 선택을 대신해 주는 것은 아닙니다. 퇴직연금의 구조를 조금만 들여다보면, 이 돈의 방향과 결과가 결국 누구의 손에 달려 있는지가 또렷하게 드러납니다.

퇴직연금은 크게 DB, DC 그리고 IRP라는 세 개의 문으로 나뉩니다.

먼저 DB(*Defined Benefit*)는 확정급여형입니다. 퇴직금이 사전에 정해진 방식에 따라 계산되는 구조입니다. 이름 그대로 퇴직급여의 계산 기준이 비교적 단순하고 명확합니다. 많은 회사에서는 퇴직 직전 일정 기간의 평균임금을 기준으로 근속연수를 반영해 퇴직급여를 산정합니다. 여기서 중요한 점은 운용의 책임과 큰 결정권이 주로 회사에 있다는 사실입니다. 직원의 입장에서는 큰 실수를 하지 않아도 된다는 안정감이 장점이 될 수 있습니다. 그러나 그 안정감이 곧 방치로 이어지는 순간, 이 돈은 내 삶의 전략과는 무관한 방향으로 흘러가기 시작합니다.

DB형의 강점은 급여가 시간에 따라 꾸준히 상승하는 구조에 있습니다. 지금은 호봉이 낮고 연봉이 크지 않더라도, 시간이 갈수록 급여가 안정적으로 올라가고 퇴직 시점에 가까울수록 연봉이 높아지는 구조라면, DB는 미래의 나를 기준으로 계산되는 퇴직급여가 됩니다. 예를 들어 지금 연봉이 5천만 원이지만 10년 뒤 8천만 원까지 상승하는 구조라면, 퇴직 시점의 평균임금이 크게 반영되기 때문에 같은 근속연수라도 결과는 확연히 달라질 수 있습니다. 이 구조에서는 현재의 작은 숫자보다 앞으로 쌓일 시간이 더 큰 힘을 갖습니다.

하지만 DB형에도 분명한 약점이 있습니다. 연봉피크제와 희망퇴직 구간입니다. 많은 회사에서 일정 시점 이후부터 급여가 꺾이기 시작하는데, 그러면 퇴직 직전 평균임금 역시 자연스럽게 낮아질 수 있습니다. 더 오래 근무했지만 계산 기준이 되는 급여가 내려간다면 체감상 손해가 발생하는 구조가 만들어질 수 있습니다. 바로 이 지점에서 중요한 선택지가 등장합니다. 전환입니다. DB가 나쁘다는 뜻이 아닙니다. 다만 내 급여 곡선이 꺾이기 시작하는 시점에서는 DB의 장점이 약해지고 단점이 커질 수 있다는 사실을 알아야 한다는 뜻입니다.

연봉피크제가 시작되거나 급여 상승 여지가 줄어드는 시점이라면 DB에서 DC로의 전환 가능성을 점검해 볼 필요가 생깁니다. 이때 핵심은 단순히 바꾸느냐 마느냐가 아니라, 내 급여 곡선과 남은 근속 기간, 전환 이후 운용할 수 있는 상품의 범위, 현재 적립금 규모와 앞으로의 전략을 함께 살펴보는 데 있습니다. 전환은 정답이 아니라 점검입니다. 그러나 이 점검을 하느냐 하지 않느냐에 따라 퇴직연금은 방치된 돈으로 남을 수도 있고, 비로소 내 삶의 전략 안으로 들어올 수도 있습니다.

DC*(Defined Contribution)*는 확정기여형입니다. 적립되는 금액은 정해져 있지만, 운용 성과에 따라 최종 퇴직금의 결과가 달라지는 구조입니다. 이 방식에서는 회사가 일정 기준에 따라 적립금을 근로자 개인 계좌에 넣고, 그 이후의 결과는 그 돈을 어떻게 운용하느냐에 따라 달라집니다. 즉 DC는 얼마를 넣을 것인가보다 이미 들어온 돈을 어떻게 굴릴 것인가가 핵심이 되는 구조입니다. 이 구조의 가장 큰 장점은 결정권입니다. 같은 금액이라도 어떤 방향으로 운용하느냐에 따라 결과가 달라질 수 있고, 시장의 흐름과 내 삶의 단계에 맞추어 스스로 조정할 수 있는 여지가 생깁니다.

DC를 실감나게 이해하려면 이렇게 생각해 보시면 됩니다. DC는 매년 쌓이는 퇴직연금이 하나의 작은 월급처럼 계속 쌓여 가는 구조이고, 그 월급을 어디에 둘 것인지를 내가 정하는 방식입니다. 상대적으로 안정적인 자산에 비중을 두면 변동성은 줄어들지만 성장 속도 역시 느려질 수 있습니다. 반대로 일정 비중을 투자형 자산으로 가져가겠다고 결정한다면, 장기 평균 수익률에 따라 결과는 상당히 달라질 수 있습니다. 물론 여기서 중요한 것은 언제나 같습니다. 과거의 평균은 미래를 보장하지 않으며, 시장은 언제든 변동성을 동반합니다. 그래서 DC는 위험을 강요하는 구조가 아니라, 위험을 조절할 수 있게 만든 구조라고 보는 편이 정확합니다.

IRP(*Individual Retirement Pension*)**는 개인형 퇴직연금입니다.** 개인이 자신의 이름으로 적립하고 운용하는 구조입니다. 쉽게 말해 퇴직금과 퇴직연금을 담아 두는 개인 명의의 금고 같은 계좌입니다. 이직을 하거나 퇴직을 할 때 퇴직금이 흩어지지 않도록 한곳에 모아 두는 통장이라고 생각하셔도 좋습니다. IRP는 투자 상품 자체가 아니라 자산을 담는 그릇이며, 그 그릇의 주인이 회사가 아니라 나 자신이라는 점이 가장 큰 특징입니다. 이직이 잦더라도 본인 계좌 안에서 퇴직금을 누적해 갈 수 있고, 장기적으로는 연금 수령 구조를 설계하는 데 유리한 특성을 가집니다.

IRP의 또 다른 중요한 특징은 세제 혜택입니다. 법에서 정한 한도 안에서 납입한 금액에 대해 연말정산 시 세액공제를 받을 수 있기 때문에, 같은 돈을 넣더라도 세금 구조상 유리한 위치를 확보하는 효과가 생깁니다. 다시 말해 IRP는 수익률을 논하기 전에 이미 세금의 관점에서 한 번 유리한 자리를 선점하게 해주는 장치입니다. 물론 IRP는 일정 시점 이전에는 자유롭게 인출하기 어려운 제약이 있습니다. 그러나 법에서 허용하는 일부 예외 사유도 존재합니다. 이 사실을 알고 있느냐 모르느냐에 따라 IRP는 단순히 묶인 돈으로 느껴질 수도 있고, 위기의 순간 나를 지탱하는 안전판으로 보일 수도 있습니다.

여기까지의 이야기를 정리하면 결국 하나의 질문으로 모입니다. 누가 결정하고 있는가, 바로 그것입니다. DB에서는 회사가 더 많은 결정을 하고, DC와 IRP에서는 내가 더 많은 결정을 하게 됩니다. 결국 퇴직연금의 결과는 상품의 이름보다 결정권의 위치에서 갈라집니다. 오늘 이 글을 덮고 나서 스스로에게 단 하나의 질문만 던져 보셔도 충분합니다. 내 퇴직연금은 지금 DB입니까, DC입니까, 아니면 IRP를 가지고 있습니까? 그리고 만약 내가 그중 하나를 이미 선택해 놓은 상태라면, 그 결정은 과연 누가 내린 것일까요? 내가 이해하고 내 상황을 따져 보고 선택한 것일까요 아니면 누군가가 "이게 괜찮다."고 하니 그 말을 따라가며 그 순간을 모면했던 것일까요?

구분	DB형	DC형	IRP
급여 확정	퇴직 시 급여액이 미리 확정	운용 성과에 따라 급여액이 달라짐	개인이 계좌를 개설해 운용
누가 결정하나	회사	근로자	근로자
수익 차이	크지 않음	운용에 따라 큼	운용에 따라 큼
추가 납입	제한(회사 단위)	제한(회사 단위)	가능(개인 납입)
절세 효과	낮음	낮음	높음(연말정산 세액공제 가능)

이 질문을 스스로에게 던지는 순간, 퇴직연금은 더 이상 먼 노후의 이야기가 아닙니다. 그것은 지금, 현재의 내 판단이 미래의 삶을 어떻게 바꾸게 될지를 보여 주는 살아 있는 선택이 됩니다. 퇴직연금은 조용히 쌓이는 돈이 아니라, 조용히 방치되면 기회비용을 놓치게 되고, 조용히 손실이 누적되어 이 방치 자체가 손해를 이끌게 됩니다. 그래서 지금 필요한 것은 더 많은 상품 설명이 아니라, 먼저 나의 퇴직연금이 어떤 구조 안에 놓여 있는지를 이해하는 일입니다. 구조를 이해하는 순간, 비로소 이 자산은 잠든 돈이 아니라 깨울 수 있는 시간으로 보이기 시작합니다.

제6화
연금은 국가가 설계한 시간의 계약이다

우리는 그 계약 안에서 어느 위치에 서 있어야 하는가?

연금은 언제부터 존재했을까요?

우리는 연금을 마치 공기처럼 너무 당연한 제도로 여깁니다. 나이가 들면 국가가 일정 부분을 책임지고, 오랜 시간 일한 뒤에는 어떤 형태로든 돌려받는 것이 있는 듯 자연스럽게 받아들입니다. 그러나 인류의 역사에서 연금은 그리 오래된 약속이 아닙니다. 오히려 그것은 산업사회가 만들어 낸 비교적 최근의 계약에 가깝습니다.

산업혁명 이전의 대가족 중심 사회에서는 노년이 가족 내부에서 감당해야 할 삶의 일부였습니다. 자식이 부모를 부양하는 것이 자연스러운 질서였고, 공동체는 느슨하지만 분명한 방식으로 서로의 등을 받쳐 주었습니다. 노후는 제도의 문제가 아니라 관계의 문제였고, 국가의 책임이라기보다 가문의 책임에 가까웠습니다.

그러나 산업혁명 이후 인구가 도시로 이동하고 가족 구조가 빠르게 핵가족화되면서 상황은 완전히 달라지기 시작합니다. 삶의 중심은 더 이상 혈연 공동체가 아니라 일터와 임금으로 옮겨 갔고, 생활공간은 노동 중심으로 재편되었습니다. 그 과정에서 노년은 집안 내부의 문제가 아니라 사회 전체의 구조적 불안으로 떠오르기 시작합니다.

19세기 후반 유럽의 공장지대는 전례 없는 속도로 팽창하고 있었습니다. 농촌을 떠난 수많은 노동자들은 도시의 좁은 주거지에 밀집했고, 하루 열 시간을 훌쩍 넘기는 노동을 감당해야 했습니다. 산업은 기계화되었지만 임금은 충분히 오르지 못했고, 산업재해는 빈번했습니다. 늙어 더 이상 일할 수 없게 되었을 때의 삶은 사실상 생계의 단절에 가까웠습니다. 평균수명은 점차 늘어나는 방향으로 움직였지만, 오래 산다는 것은 동시에 더 오래 불안해질 가능성도 함께 커진다는 뜻이었습니다. 가족의 울타리는 약해지고, 노년층은 생계 불안에 더 직접적으로 노출되기 시작했습니다.

그 불안은 곧 거리의 분노로 번져 갑니다. 파업이 늘고, 노동운동이 조직화되며, 체제를 흔드는 사상이 확산되기 시작합니다. 바로 이때 국가는 깨닫습니다. 노후는 더 이상 개인이나 가정의 문제만이 아니라, 사회 질서 전체와 연결된 문제라는 사실을 말입니다.

이 혼란의 중심에서 독일 제국의 재상 오토 폰 비스마르크가 움직입니다. 19세기 말 독일은 근대적 사회보험 제도를 단계적으로 구체화했고, 결국 세계 최초 수준의 국가 노령 사회보험 제도를 법제화하게 됩니다. 이 결정은 단순한 동정심이나 시혜만으로 이루어진 것이 아니었습니다. 급증하는 노동운동과 사회주의 세력의 확산을 제도 안으로 흡수하고, 국가의 안정성을 유지하려는 정치적 판단이 강하게 작동했습니다. 연금은 복지이면서 동시에 국가의 안정 전략이었습니다.

국가는 시민에게 이렇게 제안한 셈입니다. 지금 당신이 일하는 동안 일정한 보험료를 납부하면, 노년이 되었을 때 국가는 최소한의 생활 기반을 보장하겠다고 말입니다. 바로 이 순간 연금은 단순한 급여가 아니라 시간에 대한 계약이 됩니다. 그러나 이 계약은 감정이나 이상만으로 유지되지 않습니다. 그것은 결국 인구 구조와 재정 구조라는 매우 냉정한 수학 위에서만 지속될 수 있습니다.

계약의 원리는 비교적 단순합니다. 현재 일하는 세대가 보험료를 내고, 그 재원이 은퇴한 세대에게 지급됩니다. 흔히 이를 부과방식이라고 설명합니다. 물론 현대의 공적연금은 단순히 걷어서 곧바로 지급하는 구조만으로 운영되지는 않습니다. 미래 지급을 대비한 기금 적립과 운용이 함께 이루어집니다. 그럼에도 핵심은 바뀌지 않습니다. 보험료를 낼 인구가 충분해야 약속도 유지될 수 있다는 사실입니다.

우리나라는 1988년 국민연금을 도입했습니다. 당시에는 인구가 빠르게 증가하고 있었고, 출산율도 지금보다 높았습니다. 보험료를 낼 젊은 세대는 많았고, 연금을 받을 노년층은 상대적으로 적었습니다. 구조는 안정적으로 보였습니다. 누구도 이 시스템이 급격히 흔들릴 것이라고 쉽게 상상하지 못했습니다.

그러나 지금은 전혀 다른 구조 위에 서 있습니다. 출산율은 급격히 낮아졌고, 보험료를 낼 인구는 줄어드는 반면 연금을 수령할 인구는 빠르게 늘어나고 있습니다. 방향성만 놓고 보면 매우 분명합니다. 계약을 떠받치던 인구의 기반이 예전만큼 단단하지 않다는 것입니다. 부과방식 연금은 세대 간 흐름에 의존합니다. 내가 내는 보험료는 현재의 은퇴 세대에게 지급되고, 내가 나중에 받을 연금은 다음 세대의 보험료에서 나옵니다. 만약 다음 세대의 규모가 크게 줄어든다면, 계약의 조건은 결국 조정될 수밖에 없습니다. 보험료율 인상, 지급 수준 조정, 수령 연령 상향 같은 방식으로 말입니다.

그래서 연금은 붕괴하느냐 유지되느냐의 문제가 아니라, 어떻게 조정되느냐의 문제에 더 가깝습니다. 국가는 이 계약을 쉽게 포기하지 않을 것입니다. 그러나 그 계약의 조건은 인구와 경제 구조의 변화에 따라 얼마든지 달라질 수 있습니다. 바로 이 변동 가능성 때문에 공적연금만으로 노후를 완성하기는 어렵습니다. 연금은 중요하지만, 그것 하나만으로 충분하다고 믿는 순간 오히려 더 큰 착각에

빠지게 됩니다.

이 지점에서 우리는 다른 모델을 잠시 살펴볼 필요가 있습니다. 어떤 국가는 걷는 데서 멈추지 않고, 장기적으로 굴리고 운용하는 방향으로 연금을 설계합니다. 예를 들어 노르웨이는 자원 수익의 일부를 장기적으로 운용하는 거대한 국부펀드 구조를 갖고 있습니다.

노르웨이 국부펀드 상위 10개 보유 종목(2025년 12월31일 기준, NOK million)

순위	기업명	섹터	보유액
1	NVIDIA	기술	576,580
2	Apple	기술	499,628
3	Microsoft	기술	459,256
4	Alphabet	기술	447,413
5	Amazon	소비재 (임의소비재)	313,748
6	Taiwan Semiconductor Manufacturing Co.	기술	228,828
7	Broadcom	기술	219,945
8	Meta Platforms	기술	206,901
9	Tesla	소비재 (임의소비재)	161,449
10	JPMorgan Chase	금융	136,020

이 표에서 가장 선명하게 보이는 점은, 상위 보유 종목이 미국 빅테크와 반도체 중심으로 강하게 쏠려 있다는 사실입니다. 다시 말해 노르웨이 국부펀드는 돈을 단순히 보관하지 않고, 기술·플랫폼·AI

인프라처럼 미래 현금흐름을 만들어내는 구조 위에 배치하고 있다는 뜻입니다.

물론 모든 나라가 같은 조건을 가질 수는 없습니다. 자원 기반 국가라는 특수성도 있고, 경제 구조도 다릅니다. 그러나 한 가지는 분명합니다. 국가는 단지 걷는 존재일 뿐 아니라, 장기적으로 굴리고 운용하는 존재가 될 수도 있다는 점입니다. 이 차이는 연금을 바라보는 시각을 완전히 달라지게 만듭니다.

그렇다면 우리는 지금 어디에 서 있어야 할까요?

연금 제도는 크게 세 갈래로 나눌 수 있습니다. 첫째는 공적연금입니다. 국민연금처럼 국가가 운영하며, 소득이 있는 사람이 보험료를 납부하고 노후 급여를 받는 구조입니다. 이는 노후의 최소 안전

구분	공적연금	국민연금	개인연금
정의	국가가 운영하는 연금	공적연금의 대표 제도	내가 스스로 준비하는 연금
누가 운영하나	국가	국가	개인 + 금융회사
누가 가입하나	법과 제도에 따라 해당되는 사람	소득 있는 국민 대부분	원하는 사람이 자율 가입
돈은 누가 내나	가입자 + 제도에 따라 국가/사용자 일부	가입자가 보험료 납부	내가 직접 납입
목적	노후의 최소 생존 안전망	기본 생활비 보장	부족한 노후자금 보완
강제/자율	주로 의무 성격	의무 가입 성격 강함	자율 선택
가장 큰 장점	국가가 만든 기본 보호장치	평생 받는 기본 노후 소득	내가 금액·방식·목표를 조절 가능
가장 큰 한계	최소 안전망 수준	이것 만으로는 부족할 수 있음	스스로 챙기지 않으면 쌓이지 않음

망입니다. 둘째는 퇴직연금입니다. 주로 근로자에게 해당하며, 회사가 퇴직급여를 적립하는 구조입니다. DB, DC, IRP 같은 형태로 운영되며, 직장이라는 틀 안에서 쌓이는 자산입니다. 셋째는 개인연금입니다. 은행, 증권사, 보험사 등을 통해 개인이 자발적으로 가입하는 연금저축과 같은 구조입니다. 이는 국가나 회사와 무관하게 개인이 스스로 설계하는 자산입니다.

제7화

아무 일도 없는 것을 전제로 설계할 수는 없다

노후 구조는 생각보다 얇다.

우리는 대개 노후를 꽤 평온한 장면으로 상상합니다. 남편은 성실하게 직장을 다녔고, 나는 아이를 다 키워 분가시켰으며, 오랜 시간 가족을 지켜 온 끝에 비로소 한숨 돌릴 수 있는 시기가 오는 장면 말입니다. 시간이 흐르면 국민연금이 나오고, 그 연금으로 최소한의 생활은 유지될 것이라고, 그래서 노후는 크게 흔들리지 않을 것이라고 믿습니다.

이 그림은 완전히 틀린 상상은 아닙니다. 그러나 이 그림에는 늘 조용히 붙어 있는 한 문장이 있습니다. 바로, '아무 일도 일어나지 않는다면’이라는 전제입니다. 그리고 우리가 진지하게 다시 들여다보아야 하는 것은 바로 그 전제입니다.

먼저 가장 안정적인 구조부터 살펴보겠습니다. 대학을 졸업하고 10년 정도 직장생활을 했습니다. 국민연금도 10년 이상 성실하게 납부했습니다. 결혼 후에는 전업주부가 되었지만 남편은 35년 이상 안정적으로 직장생활을 이어 가며 국민연금을 납부합니다. 이혼도 없고, 건강에도 큰 문제가 없으며, 소득의 흐름도 비교적 무난하게 유지됩니다. 이런 경우라면 남편은 노후에 월 170만 원에서 200만 원 사이의 국민연금을 받을 가능성이 있습니다. 아내 역시 최소 가입 요건을 충족했다면 월 30만 원 안팎의 연금을 기대할 수 있습니다. 두 사람의 연금을 합하면 월 200만 원대 중반의 공적 노후 소득 구조가 만들어집니다. 겉으로 보기에는 그럴듯해 보입니다. 최소한 아무것도 없는 상태는 아니고, 바닥을 받쳐 줄 기초 구조는 있어 보입니다.

하지만 이 숫자를 65세 이후의 긴 시간 위에 올려놓는 순간 이야기는 달라집니다. 앞으로 20년, 25년, 어떤 경우에는 90세 가까이, 혹은 그 이상 이어질 시간을 생각해 보면 이 구조는 생각보다 두껍지 않습니다. 기대수명은 이미 80대 중반을 넘어섰고, 의료비와 장기요양비는 시간이 갈수록 예측하기 어려워집니다. 자녀의 독립이 늦어질 수도 있고, 가족 중 누군가가 병을 얻거나 사고를 겪을 가능성도 완전히 배제할 수 없습니다. 월 200만 원대 중반은 결코 작은 금액이 아닙니다. 다만 그것을 '여유 있는 노후'라고 부르기에는 충분하지 않습니다. 살아갈 수는 있지만, 예상 밖의 변수 하나가 들어오는 순간 균열이 시작될 수 있는 구조입니다.

이제 한 단계 아래로 내려가 보겠습니다. 대학 졸업 후 5년만 일했습니다. 국민연금은 5년 정도 납부했습니다. 이후 결혼해 전업주부가 되었고, 남편은 성실하게 직장생활을 이어 가고 있습니다. 겉으로 보기에는 여전히 안정적인 가정처럼 보입니다. 그러나 국민연금은 최소 10년 이상 가입해야 노령연금을 받을 수 있기 때문에, 5년만 납부했다면 연금이 아니라 반환일시금으로 정산될 가능성이 큽니다. 다시 말해 아내는 독립적인 노후 소득 구조를 사실상 가지지 못한 채 살아가게 됩니다. 노후의 공적 소득은 거의 전적으로 남편의 국민연금에 기대게 됩니다.

이 지점까지도 많은 가정이 현실로 살아가고 있는 구조입니다. 그런데 우리는 여기서 아주 중요한 질문을 던질 수 있습니다. 만약 남편의 건강에 문제가 생긴다면 어떻게 되는가? 만약 소득이 중간에 단절된다면 어떻게 되는가? 만약 예상보다 이른 퇴직이나 구조조정이 닥친다면 어떻게 되는가? 노후 구조는 생각보다 훨씬 더 한 사람의 소득과 한 사람의 경력 곡선에 크게 의존하고 있습니다. 그리고 의존도가 높을수록 구조는 더 취약해집니다.

우리는 또 하나의 불편한 통계를 외면한 채 살아갑니다. 최근 수년간 혼인 건수 대비 이혼 건수는 30퍼센트대 중반 수준을 유지해 왔고, 특히 20년 이상 혼인을 유지한 뒤 이혼하는 이른바 황혼 이혼의 비중은 꾸준히 증가해 왔습니다. 이것은 누군가의 감정을 자극하려는 이야기가 아닙니다. 단지 우리가 '결혼은 평생 유지될 것'이라는 하나의 전제 위에 노후를 설계해 왔다는 사실을 보여 줄 뿐입니다. 그러나 혼인 관계가 흔들리는 순간, 그 위에 세워 둔 노후 구조도 함께 급격히 약해질 수 있습니다. 이것은 사랑의 문제가 아니라 구조의 문제입니다.

이제 우리가 일부러 가장 늦게 보려고 했던 바닥의 시나리오까지 내려가 보겠습니다. 5년 직장생활, 이후 전업주부, 50대 중반 이혼. 경력은 오래전에 단절되었고, 재취업은 쉽지 않습니다. 국민연금은 최소 가입 요건을 채우지 못했고, 퇴직연금도 사실상 없습니다. 물론 일정 요건을 충족하면 배우자의 국민연금을 분할해 받을 수 있는 제도가 존재합니다. 그러나 그것 역시 혼인 기간, 가입 기간, 청구 시점 등 여러 조건에 따라 달라지며, 모든 경우에 충분한 생활 수준을 보장해 주는 구조는 아닙니다. 배우자의 연금과도 분리된 상태라면, 65세 이후 기대할 수 있는 공적 소득은 결국 기초연금이 중심이 됩니다. 현재 기준으로 단독가구 최대 월 30만 원 안팎입니다. 이 숫자는 단순한 통계가 아니라 실제 삶의 무게로 감당해야 하는 금액입니다.

우리는 흔히 "설마 그런 일이 일어나겠어?"라고 말합니다. 그러나 인생은 설마를 전제로 설계되지 않습니다. 오히려 설마라고 믿었던 일이 구조를 가장 먼저 시험합니다. **출산율은 낮아지고 있고, 보험료를 낼 젊은 세대는 줄어들고 있으며, 기대수명은 길어지고 있습니다.** 국민연금은 여전히 우리 노후의 가장 중요한 안전망이지만, 그 안전망 하나만을 믿고 서 있기에는 인구 구조와 노동 구조가 너무 빠르게 변하고 있습니다. 여기서 중요한 것은 공포가 아닙니다. 구조를 보는 눈입니다.

국가가 운영하는 공적연금은 내 노후 전체를 완성해 주는 제도가 아닙니다. 그것은 어디까지나 인생을 유지할 수 있게 하는 최소한의 바닥입니다. 그래서 근로자에게는 퇴직연금이라는 두 번째 층이 필수적으로 중요해집니다. 그러나 이 두 층 역시 완전히 독립적인 구조는 아닙니다. 둘 다 결국 '직장'과 '혼인'이라는 조건 위에 어느 정도 기대고 있습니다. 그 조건이 유지되면 그럭저럭 안정적으로 보입니다. 하지만 조건이 흔들리는 순간 구조는 빠르게 얇아집니다.

그래서 우리는 스스로에게 반드시 물어야 합니다. 나는 지금 아무 일도 없기를 전제로 삶을 설계하고 있는가? 아니면 어떤 일이 생겨도 버틸 수 있는 구조를 만들고 있는가? 이 질문은 불안을 키우기 위한 질문이 아니라, 비로소 현실을 구조로 보기 위한 질문입니다.

이 장에서 아직 상품을 말하지 않는 이유도 여기에 있습니다. 상품은 이 질문 이후에 나와야 하기 때문입니다. 먼저 인정해야 할 것은 공적연금과 퇴직연금만으로는 삶의 모든 가능성을 방어하기 어렵다는 사실입니다. 그렇기 때문에 개인적 방어 구조가 필요합니다.

배우자와 무관하게, 직장과 무관하게, 내 이름으로 차곡차곡 쌓이는 구조가 필요합니다. 조건이 흔들려도 완전히 무너지지 않는 세 번째 층, 바로 그것이 이제 우리에게 필요한 자리입니다.

다음 장에서는 그 구조를 보게 될 것입니다. 이름으로 보지 않고, 역할로 보게 될 것입니다. "좋은 상품인가?"가 아니라 "이 돈은 언제, 어떤 일을 해야 하는가?"라는 질문으로 말입니다. 그 질문 앞에 서는 순간, 우리는 비로소 노후를 막연한 두려움이 아니라 설계 가능한 구조로 보기 시작합니다.

노후는 먼 미래의 이야기가 아닙니다.
구조를 모르면 운에 맡길 수밖에 없고,
구조를 알아야 비로소 설계가 됩니다.

제8화
금융상품을 이름으로 보지 말 것

이 돈은 언제, 어떤 일을 해야 하는가?

지난 장에서 우리는 노후 구조의 가장 얇고도 불투명한 단면을 들여다보았습니다. 아무 일도 일어나지 않는다면 겨우 유지될 수 있지만, 조건이 하나라도 흔들리면 급격히 얇아지는 구조를 확인했습니다. 국가가 운영하는 공적연금은 분명 존재합니다. 그러나 그 안전망은 어디까지나 바닥에 가깝습니다. 삶 전체를 떠받치는 기둥이라기보다 무너질 때 마지막으로 몸을 받쳐 주는 최소한의 층에 더 가깝습니다.

이 사실을 말하는 이유는 공포를 조성하기 위해서가 아닙니다.

오히려 구조를 조금 더 정확하게 보기 위해서입니다. 공적연금과 퇴직연금은 직장이 유지되고, 소득이 유지되고, 제도가 예정된 방식으로 작동한다는 조건 위에서 힘을 발휘합니다. 그러나 인생은 그 조건을 언제나 안전하게 지켜 주지 않습니다. 그래서 우리는 자연스럽게 다음 질문 앞에 서게 됩니다. 그 조건과 무관하게, 내 이름으로 쌓이고 내 판단으로 움직일 수 있는 구조는 있는가? 있다면 그것은 무엇인가? 바로 이 질문이 개인 금융상품을 고민하게 만드는 출발점입니다.

그런데 여기서 많은 사람들이 같은 실수를 반복합니다. 무엇이 제일 좋은 상품이냐고 먼저 묻습니다. 그러나 좋은 상품은 따로 존재하지 않습니다. 시간에 맞는 상품만 존재합니다. 상품을 고르기 전에 먼저 정리해야 할 것은 구조입니다. 이 돈이 언제 필요한 돈인지, 그 시간 동안 어떤 역할을 해야 하는 돈인지, 나는 이 돈을 빨리 써야 하는지 오래 묶어 두어야 하는지, 먼저 그것이 분명해져야 합니다. 상품은 그다음입니다.

가장 먼저 ISA를 보겠습니다. ISA는 Individual Savings Account, 개인종합자산관리계좌입니다. 이것은 특정 상품의 이름이 아니라 예금, 펀드 같은 여러 자산을 담을 수 있는 종합 계좌, 다시 말해 하나의 그릇에 가깝습니다. 핵심은 이 그릇에 세제 혜택이 붙어 있다는 점입니다. 현재 공식 안내 기준으로 ISA는 연간 2천만 원, 총 1억 원까지 납입할 수 있고, 세제혜택을 받기 위한 의무가입 기간은 일반적으로 5년이며, 청년 또는 일정 소득 이하인 경우 3년이 적용됩니다. 계좌 내 순소득 기준 200만 원까지는 비과세, 초과분은 9.9% 저율 분리과세가 적용됩니다.

ISA가 해주는 일은 분명합니다. 일정 기간 자금을 굴리면서 세금 부담을 덜어 주는 역할입니다. 그래서 ISA는 몇 년 뒤 주택 자금으로 사용할 돈, 일정 시점의 교육비로 쓰일 수 있는 돈, 중간에 한 번 목돈으로 인출해야 할 가능성이 있는 자금처럼 목적이 비교적 선명한 중기 자금에 잘 어울립니다. 다시 말해 ISA는 평생을 떠받치는 기둥이라기보다는 몇 년의 시간을 효율적으로 건너가기 위한 다리 같은 구조에 가깝습니다. 매우 유용하지만, 노후의 중심축이라고 보기는 어렵습니다.

이제 연금저축으로 넘어가 보겠습니다. 연금저축은 쓰기 위해 모으는 돈이 아니라, 기다리게 해야 하는 돈입니다. 이 돈은 빠르게 움직이면 안 되고, 오래 버티며 천천히 자라야 합니다. 그래서 연금저축에서는 무엇을 고르느냐보다, 이 돈을 어떤 시간 위에 올려놓고 어떻게 일하게 할 것인가가 더 중요합니다.

ISA는 '몇 년 안에 쓸 돈'을 세금 효율 좋게 굴리는 통장이고, 개인연금저축은 '노후까지 기다릴 돈'을 오래 키우는 통장입니다.

연금저축의 세금 구조는 세 단계로 움직입니다. 첫째는 납입 단계입니다. 현재 국세청 안내 기준으로 연금계좌 세액공제 대상 납입 한도는 연금저축만 보면 600만 원, 퇴직연금계좌를 포함하면 900

구분	ISA	개인연금저축
정의	중간 목표용 절세 통장	노후 준비용 절세 통장
돈 쓰는 시점	3~5년 이상 굴린 뒤 비교적 자유롭게 활용	오래 묶어 두고 55세 이후 연금처럼 수령
주된 목적	목돈 마련, 중기 자금 운용	노후자금 준비
세금 장점	일정 한도까지 비과세, 초과분은 낮은 세율 적용	넣을 때 세액공제, 굴리는 동안 과세이연, 연금 수령 때 낮은 세율 가능
중도 사용	비교적 유연한 편	중도 인출 시 불리할 수 있음
어울리는 돈	집자금, 교육자금, 몇 년 안에 쓸 돈	오래 묵혀 둘 노후자금
엄마식 한마디	"곧 쓸 돈을 똑똑하게 굴리는 통장"	"나중의 나를 위해 오래 키우는 통장"

만 원까지입니다. 공제율은 총급여 5천5백만 원 이하인 경우 15%, 그 초과 구간은 12%입니다. 즉 넣는 순간부터 세금 부담을 줄여 주는 구조입니다. 둘째는 운용 단계입니다. 운용 중 생기는 이자, 배당, 매매차익에 대해 즉시 과세하지 않고 과세를 뒤로 미룹니다. 바로 이 지연이 장기 복리에는 생각보다 큰 차이를 만듭니다. 셋째는 수령 단계입니다. 연금계좌에서 연금으로 수령하면 연령에 따라 5%, 4%, 3%의 낮은 연금소득 원천징수세율이 적용됩니다. 반대로 연금 외 방식으로 꺼내면 연금저축계좌의 세액공제 원금과 운용수익에는 15% 기타소득세가 적용됩니다.

이렇게 보면 연금저축은 단순한 절세 상품이 아닙니다. 시간을 통과하도록 설계된 세금 구조입니다. 그래서 이 계좌는 자유롭게 꺼

내 쓰기 위한 통장이 아니라, 오래 버티기 위해 만든 제도적 장치에 더 가깝습니다. 중간에 쉽게 손대면 세제 혜택의 의미가 약해지고, 구조를 깨뜨리면 그 계좌가 가진 힘도 크게 줄어듭니다. 결국 연금 저축은 돈을 넣는 통장이 아니라, 시간을 묶어 두는 약속이라고 보는 편이 더 정확합니다.

그렇다면 그 안에는 무엇을 담을 수 있을까요. 여기서부터는 많은 분들이 다시 이름에 흔들리기 시작합니다. 펀드가 좋은지, ETF가 좋은지, TDF가 좋은지 묻습니다. 하지만 이 역시 이름을 먼저 볼 일이 아닙니다. 먼저 그 돈이 어떤 태도로 일해야 하는지부터 생각해야 합니다.

펀드는 여러 사람의 돈을 모아 전문가가 대신 운용하는 구조입니다. 쉽게 말해 내 노후 자금을 다른 사람이 대신 운전해 주는 방식입니다. 어디로 갈지 큰 방향은 정해져 있지만, 핸들을 내가 직접 잡고 있지는 않습니다. 장점은 분명합니다. 시장을 매일 들여다보지 않아도 되고, 어떤 기업이 좋은지 일일이 판단하지 않아도 됩니다. 투자 공부에 시간을 많이 쓰기 어려운 사람에게는 심리적 부담이 적습니다. 다만 대신 맡기는 만큼 비용이 발생하고, 결과가 기대에 못 미치더라도 내가 개입할 수 있는 여지는 크지 않습니다.

ETF는 거래소에서 사고파는 펀드입니다. 대체로 특정 지수나 규칙을 따라가도록 설계되어 있어 구조가 비교적 투명합니다. 미국 대표 기업 전체를 따라가거나, 기술주 묶음을 따라가거나, 전 세계

시장 전체를 넓게 담는 식으로 구성할 수 있습니다. 그래서 ETF의 장점은 명확성입니다. 무엇을 추종하는지 보이고, 비용이 상대적으로 낮으며, 감정이 개입될 여지가 비교적 적습니다. 시장이 가는 방향만큼 같이 가는 구조에 더 가깝기 때문입니다.

TDF는 목표 시점을 기준으로 자산 비중을 자동으로 조절하는 구조입니다. 은퇴 시점이 가까울수록 공격적인 자산은 줄이고, 보다 안정적인 자산의 비중을 높이는 방식입니다. 장점은 분명합니다. 의사결정의 부담을 줄여 줍니다. 내가 직접 매번 판단하지 않아도 시간의 흐름에 맞추어 구조가 조금씩 바뀝니다. 다만 그것은 평균적인 생애주기를 기준으로 설계된 구조이기 때문에, 나의 실제 은퇴 시점이나 자산 상황과 완전히 같다고 볼 수는 없습니다. 결국 TDF 역시 아무 생각 없이 맡기라는 상품이 아니라, 방향을 잃지 않게 도와주는 자동 조정 장치에 가깝습니다.

결국 선택의 핵심은 상품의 문제가 아닙니다. 연금저축에서 중요한 것은 펀드냐 ETF냐 TDF냐가 아닙니다. 이 돈을 완전히 맡길 것인지, 부분적으로 관여할 것인지, 지금은 맡기되 나중에 바꿀 것인지, 어느 시점에 점검하고 조정할 것인지에 대한 태도입니다. 같은 상품도 어떤 사람에게는 좋은 선택이 되고, 다른 사람에게는 실패한 선택이 됩니다. 차이는 이름이 아니라 시간표에 있습니다.

펀드는 전문가에게 맡기는 방식이고, ETF는 내가 직접 고르는 규칙형 상품이며, TDF는 은퇴 시점에 맞춰 자산 비중을 자동으로

구분	FUND	ETF	TDF
정의	전문가가 대신 굴려주는 상품	시장지수를 따라가는 펀드	은퇴 시점에 맞춰 자동 조절되는 펀드
누가 운용하나	펀드매니저	지수 추종 구조	자동 자산배분 구조
내가 할 일	맡기고 기다리기	내가 직접 고르고 매수	은퇴 시점 정하고 맡기기
특징	편하지만 보수 부담 있을 수 있음	투명하고 비용이 비교적 낮음	나이 들수록 알아서 안전형으로 조정
장점	투자 공부를 많이 안 해도 됨	구조가 단순하고 직접 선택 가능	노후 준비에 편함
단점	무엇에 투자하는지 덜 보일 수 있음	스스로 판단해야 함	내 상황과 완전히 똑같진 않을 수 있음
이런 엄마에게	"직접 보기 너무 어렵다"	"조금은 내가 보고 고르고 싶다"	"노후용으로 자동관리 받고 싶다"

조절해 주는 노후형 상품입니다.

이 장에서 하나만 기억하셔도 충분합니다. 금융상품은 이름을 외워 고르는 것이 아니라 시간에 맞게 배치하는 것입니다. **완벽한 상품은 없습니다. 그러나 지금 내 돈이 언제 필요한 돈인지, 그때까지 어떤 일을 해야 하는지 분명히 아는 순간, 선택은 훨씬 쉬워집니다.** 금융은 맞히는 기술이 아니라, 시간을 견디게 만드는 구조입니다.

노후는 상품의 문제가 아닙니다. 시간 배치의 문제입니다. 어떤 돈은 가까운 시점에 꺼내 써야 하고, 어떤 돈은 조용히 오래 들고 가야 합니다. 어떤 돈은 유동성을 지켜야 하고, 어떤 돈은 세금의 보호막 안에서 길게 자라야 합니다. 지금 입에 물고 갈 돈이 무엇인지, 트레이에 담아 길게 들고 가야 할 돈이 무엇인지, 이제는 그 질문부터 시작하셔야 합니다.

- Fund(펀드): 여러 사람의 돈을 모아 전문가가 대신 굴려주는 투자상품
- ETF(*Exchange Traded Fund*, 상장지수펀드): 주식처럼 사고팔 수 있도록 거래소에 상장된 펀드
- TDF(*Target Date Fund*, 목표시점형 펀드): 은퇴 시점에 맞춰 투자 비중을 자동으로 조절해 주는 펀드

금융은 상품의 문제가 아니라, 삶의 기준과 태도의 문제이다

왜 우리는 끝내 아무것도 선택하지 못할까요?

이 질문의 가장 깊은 자리에는 늘 같은 이유가 놓여 있습니다. 내가 선택해야 할 금융에 대해, 내 삶을 관통하는 기준이 아직 충분히 서 있지 않기 때문입니다. 누군가에게는 최고의 선택이었던 상품이, 다른 누군가에게는 가장 큰 후회가 되기도 합니다. 같은 상품을 두고도 누구는 평온해지고, 누구는 밤마다 휴대폰 화면을 들여다보며 흔들립니다. 그래서 이 장에서는 좋은 상품과 나쁜 상품을 나누지 않으려 합니다. 대신 단 하나의 기준만 남기려 합니다. 이 상품이 지금의 나에게 맞는가? 결국 이 질문 하나가 모든 선택의 출발점이기 때문입니다.

지금까지 우리는 돈을 쓰는 사람이었는지, 돈을 배치하는 사람이었는지를 돌아보았습니다. 돈의 속성을 보았고, 물가와 이자의 싸움을 이해했으며, 기회비용이라는 보이지 않는 손실을 마주했습니다. 레버리지가 무엇인지, 퇴직연금과 연금저축이 어떤 구조 위에서 작동하는지도 살펴보았습니다. 이 모든 과정은 결국 하나의 지점으로 모입니다. 바로 선택입니다. 그리고 이 선택은 정보의 많고 적음보다, 내가 어떤 자리에서 이 선택을 바라보고 있는가에 더 깊이 달려 있습니다.

금융상품은 늘 그 자리에 있습니다. 이미 만들어져 있고, 이미 이름이 붙어 있으며, 이미 누군가에게는 수익을 안겨주고 있을 것입니다. 그러나 문제는 상품이 아닙니다. 그것을 사용하는 사람의 위치입니다. 같은 상품이라도 누구에게는 안정이 되고, 누구에게는 불안이 됩니다. 누구에게는 기회가 되고, 누구에게는 상처가 됩니다. 금융상품은 본질적으로 중립적입니다. 다만 그것을 사용하는 사람의 시간과 목적, 자금의 성격과 마음의 상태와 어긋날 때, 그 중립성은 곧바로 위험으로 변합니다. 판단은 언제나 상품이 아니라 사람 쪽에서 갈립니다.

많은 사람들은 "위험하다."라는 말을 너무 쉽게 씁니다. 주식은 위험하고, ETF는 위험하고, 투자형 상품은 위험하다고 말합니다.

그러나 조금 더 정확히 들여다보면, 위험은 상품의 성질이라기보다 나의 삶과 그 상품의 시간이 맞지 않을 때 생기는 불일치에 가깝습니다. 당장 써야 할 돈을 변동성이 있는 곳에 올려두면 그것이 위험이 됩니다. 반대로 오래 묵혀야 할 돈을 아무 일도 하지 못하게 묶어두는 것 역시 다른 형태의 위험이 됩니다. 그리고 많은 사람들이 놓치는 가장 큰 사실은, 아무것도 하지 않는 선택 역시 하나의 위험이라는 점입니다. 위험은 늘 상품 안에 있는 것이 아니라, 시간과 목적이 어긋나는 자리에서 발생합니다.

그래서 금융상품을 고르기 전에 반드시 먼저 물어야 할 질문이 있습니다. 이 돈은 언제 쓰일 돈인가? 그리고 그때까지 나는 이 돈을 얼마나 기다릴 수 있는가? 이 두 질문이 서지 않으면, 우리는 늘 남의 선택을 따라가게 됩니다. 누가 좋다고 하니까, 다들 한다고 하니까, 유행처럼 몰려가게 됩니다. 그러나 기다릴 수 있는 시간이 길수록 선택지는 넓어지고, 시간이 짧을수록 선택지는 자연스럽게 줄어듭니다. 너무 단순해서 오히려 놓치기 쉬운 원리이지만, 사실 대부분의 실수는 이 단순한 원리를 무시할 때 시작됩니다.

또 하나 중요한 기준은 마음의 상태입니다. 같은 상품이라도 어떤 사람에게는 잠을 잘 자게 해 주고, 어떤 사람에게는 밤마다 시세를 확인하게 만듭니다. 금융은 수익률의 문제이기 전에 지속 가능성의 문제입니다. 아무리 좋아 보이는 선택이라도 나를 계속 흔들리게 만들면 오래갈 수 없습니다. 오래가지 못하는 선택은 결국 좋은 선

 제2부 부자 엄마를 위한 경제 과외

택이 될 수 없습니다. 그러므로 좋은 상품을 찾으려 하기보다, 좋은 상태의 나를 기준으로 선택해야 합니다. 지금의 나는 얼마나 안정적인가? 얼마나 공부할 여유가 있는가? 얼마나 흔들리지 않고 버틸 수 있는가? 그 위에 상품을 올려놓아야 합니다. 상품 위에 나를 억지로 맞추려고 하면, 결국 선택은 오래가지 못합니다.

이 기준이 서면 비교는 자연스럽게 힘을 잃습니다. 남들이 무엇을 하는지, 어떤 상품이 유행하는지, 누가 얼마를 벌었는지는 더 이상 핵심 정보가 아니게 됩니다. 중요한 것은 오직 하나입니다. 이 선택이 지금의 나를 조금 더 단단하게 만드는가. 이 질문에 "그렇다."고 답할 수 있다면, 그 상품은 이미 나에게 충분히 좋은 선택입니다. 완벽해서가 아니라, 내 삶의 흐름과 맞닿아 있기 때문입니다.

이 장이 꼭 필요한 이유도 여기에 있습니다. 이 기준이 서지 않으면, 다음 장부터 이어질 실전의 선택들은 쉽게 도박처럼 변해 버립니다. 기준 없이 들어간 선택은 언제나 공포를 키웁니다. 그러나 기준을 가지고 들어간 선택은 결과가 좋든 나쁘든 경험이 됩니다. 경험은 쌓이고, 쌓인 경험은 결국 나만의 판단으로 남습니다. 그 판단이 바로 부자 엄마가 되어 가는 과정의 진짜 시작입니다.

그리고 이 기준은 앞으로 3부에서 다루게 될 보다 적극적인 투자에서도 똑같이 적용됩니다. 주식을 선택하는 순간에도, 연금저축 안에서 어떤 구조를 담을지 결정할 때도, 퇴직연금의 운용 방식을 바꿀 때도, 결국 기준은 내 삶이어야 합니다. 왜냐하면 금융의 선택은 결국 삶의 선택을 닮아 있기 때문입니다. 삶의 선택이란 언제나 내 마음의 주도권을 어디에 두느냐의 문제와 연결되어 있기 때문입니다.

우리는 인생에서도 자주 남의 기준을 따라가고 싶어집니다. 사람들이 인정하는 조건을 쫓고, 다들 괜찮다고 말하는 방향을 향해 달리다 보면, 겉으로는 멀쩡한 삶처럼 보이는데 속은 텅 빈 순간이 찾아옵니다. 사랑도 그렇습니다. 내 마음이 정말 향하는 사람을 만나는 일이 아니라, 사람들이 좋다고 말하는 조건과 명성을 따라 결혼을 선택하면, 어느 날 문득 "나는 내 마음으로 살지 못했구나."라는 고요한 후회가 남습니다. 공부도 마찬가지입니다. 내가 무엇을 모르고, 어디가 약한지 내 기준으로 정직하게 보고 채워 나가는 공부가 아니라, 단지 앞사람을 따라잡기 위해 달리는 공부는 성적이 올라갈 수는 있어도 '내가 누구인지'는 점점 흐리게 만듭니다. 스포츠도 그렇습니다. 신기록은 남을 이기려는 맹목적인 질주보다, 내 문제점을 객관적으로 바라보고 그 결을 정직하게 다듬어 갈 때 더 자주 탄생합니다.

투자도 정확히 그 자리에서 갈라집니다. 남들이 산다고 해서 사고, 남들이 벌었다고 해서 따라가고, 남들이 위험하다고 해서 피하고, 남들이 안전하다고 해서 묻어두는 선택은 결국 내 삶의 리듬을 남에게 넘겨주는 일과 같습니다. 그러면 어느 순간부터 돈은 내 편이 아니라, 남의 기준을 맞추기 위한 숙제가 됩니다. 그러나 내 시간, 내 목적, 내 성향, 내가 감당할 수 있는 변동성, 내가 버틸 수 있는 속도를 기준으로 삼는 순간, 금융은 더 이상 남의 언어가 아니라 내 삶의 언어가 됩니다. 그때부터 선택은 공포가 아니라 책임이 되고, 책임은 짐이 아니라 주도권이 됩니다.

금융상품을 고르는 일은 정답을 맞히는 일이 아닙니다. 그것은 내 삶을 내가 살겠다고 선언하는 방식에 더 가깝습니다. 그리고 그 선언을 지키기 위해 필요한 것은 더 많은 정보가 아니라, 더 정확한 기준입니다. "지금의 나에게 맞는가?"라는 질문은 결국 "지금의 내가 내 삶의 운전대를 쥐고 있는가?"라는 질문과 다르지 않습니다. 이 질문이 서면 상품은 다시 도구의 자리로 돌아가고, 비교는 소음으로 멀어지며, 선택은 비로소 내 자리로 돌아옵니다.

좋은 상품을 찾는 것이 아니라, 지금의 나에게 맞는 기준을 세우는 것. 그것이 모든 선택의 시작입니다.

이제 우리는 한 걸음 더 나아가려 합니다. 인류는 제1차 산업혁명의 증기기관에서 시작해 철도와 전기를 지나, PC와 인터넷을 거쳐, 이제는 인공지능과 데이터의 시대로 들어와 있습니다. 기술은 늘 삶을 바꾸었고, 삶을 바꾼 기술은 산업을 만들었으며, 산업은 기업을 키우고 시장을 움직였습니다. 그리고 그 시장은 다시 자산의 흐름을 바꾸었습니다. 물론 모든 기술이 곧바로 투자 수익으로 이어지는 것은 아닙니다. 기술의 성장과 기업의 가치, 그리고 투자 성과 사이에는 언제나 시간과 구조, 그리고 선별의 과정이 존재합니다.

앞으로의 10년, 20년, 30년, 40년 동안 우리는 블록체인, 우주 산업, 유전자 편집 기술과 같은 새로운 변곡점들을 지나게 될지도 모릅니다. 지금 50세라면 90세까지를 살아가야 하는 시대를 우리는 통과하고 있습니다. 그렇다면 그 긴 시간 동안 어떤 산업이 성장할 것이며, 어떤 기업이 그 성장을 이끌 것이고, 우리는 어디에 우리의 시간을 올려두어야 할까요?

앞으로 3부에서는 이 질문을 정면으로 다루게 될 것입니다. 산업혁명의 진화 속에서 어떤 기업들이 승자가 되었는지, 지금 우리는 어떤 카테고리와 어떤 기업을 단기적으로, 중장기적으로, 그리고 초장기적으로 바라보아야 하는지, 그 구조와 당위를 하나씩 짚어가게 될 것입니다.

그러나 끝까지 잊지 말아야 할 한 가지가 있습니다. 아무리 거대한 기술과 산업을 다루더라도, 기준은 변하지 않습니다. 그 모든 선택의 출발점은 언제나 당신 자신입니다.

제3부

부자 엄마를 위한 투자 원칙

왜 주식투자를 해야 하는가

선택을 포기하지 않기 위한 구조

여기까지 오신 엄마들은 이미 숫자의 세계를 통과하셨습니다. 예금 이율을 확인했고, 퇴직연금의 예상 수령액을 계산했으며, 개인 연금저축의 세액공제 구조도 살펴보았습니다. 우리는 연금의 구조를 이해했고, 복리의 개념을 배웠으며, 세제 혜택이 단순한 절약이 아니라 시간의 효율과 연결된다는 사실도 확인했습니다. 이 모든 과정은 결코 헛되지 않았습니다. 오히려 지금 이 순간에 이르기 위해 반드시 거쳐야 했던 시간들이었습니다.

그 긴 시간을 돌아보면 결국 하나의 질문이 조용히 남습니다. 시간이 충분히 흐른 뒤에도, 그 돈은 과연 미래의 나를 지켜 줄 수 있는 가? 이것이야말로 지금 우리가 3부의 문 앞에서 다시 붙잡아야 할 가장 중요한 물음입니다.

금리와 물가는 해마다 다르게 움직입니다. 어떤 해에는 예금 금리가 오르고, 어떤 해에는 물가가 더 빠르게 상승합니다. 시기별로 실질금리가 플러스로 작동했던 구간도 분명 존재했습니다. 그러나 긴 시간을 기준으로, 거시적인 흐름 위에서 다시 바라보면 하나의 반복되는 구조가 드러납니다. 체감 물가상승률이 안정적인 예금 이자를 웃도는 구간이 계속 이어져 왔다는 사실입니다. 특히 의료비, 교육비, 주거비처럼 삶의 핵심을 이루는 지출은 평균 소비자물가보다 더 빠르게 오르는 경우가 많았습니다. 통계는 평균을 말하지만 우리의 삶은 결코 평균으로 지출되지 않습니다. 장바구니와 병원비와 등록금은 통계표 위에서가 아니라, 실제 생활의 무게 속에서 다가옵니다. 그래서 숫자는 제자리에 있는 듯 보여도, 구매력은 조용히 자신감을 잃어 갑니다. 이것이 돈이 멈춰 있을 때 발생하는 가장 조용하고도 집요한 침식입니다.

우리는 이미 오래 사는 시대에 들어와 있습니다. 평균수명은 늘어났고, 은퇴는 더 빨리 다가오며, 은퇴 이후의 시간은 과거 어느 시대보다 길어졌습니다. 문제는 오래 사는 것이 아닙니다. 오래 사는 그 시간 위에서 내 삶을 끝까지 선택할 수 있는가, 바로 그 점입니다. 시간이 길어질수록 자본은 단순히 보존의 문제가 아니라, 나와 함께 자라고 움직이며 선택의 폭을 지켜 줄 수 있는가의 문제가 됩니다.

역사적으로 보더라도 세계 경제가 성장해 온 긴 구간에서는 기업의 생산성과 이익이 함께 확대되어 왔습니다. 물론 모든 기업이 살아남은 것은 아닙니다. 많은 기업이 사라졌고, 수많은 산업이 교체되었으며, 위기와 침체와 붕괴가 반복되었습니다. 그럼에도 시장 전체는 구조조정과 혁신을 거치며 다시 생산성을 회복해 왔고, 자본시장은 장기적으로 그 복원력을 반영해 왔습니다. 수많은 전쟁과 금융위기, 팬데믹 같은 충격이 있었지만 인간의 경제 활동은 완전히 멈추지 않았습니다. 자본시장의 본질은 단기적인 흔들림이 아니라, 결국 다시 살아나는 장기 복원력에 있습니다. 그리고 그 복원력은 인간이 계속 만들고, 소비하고, 개선하고, 연결하는 한 완전히 사라지지 않는 구조입니다.

바로 여기에서 우리는 다시 '부자'의 정의를 고쳐 써야 합니다. 부자는 소비가 많은 사람이 아닙니다. 부자는 선택을 포기하지 않아도 되는 사람입니다. 인생의 갈림길에서 경제적 이유로 사랑을 내려놓지 않아도 되는 사람입니다. 자신의 자존감을 깎는 선택을 억지로 받아들이지 않아도 되는 사람입니다. 부란 결국 더 화려한 소비를 위한 장식이 아니라, 삶의 중요한 순간마다 나를 지킬 수 있는 선택권의 두께에 더 가깝습니다.

어느 날 나이가 들고 마음이 더 깊어졌을 때, 종교적 여정을 떠나고 싶을지도 모릅니다. 시나이산을 오르고 싶고, 오래된 성당의 의

자에 조용히 앉아 기도하고 싶을지도 모릅니다. 언젠가는 산티아고 순례길을 걸으며 내 삶을 다시 만나고 싶을지도 모릅니다. 그런데 그때 아이가 말합니다. "엄마, 나 미국에서 공부해 보고 싶어요." 그 순간 우리는 계산을 시작합니다. 항공권, 체류비, 학비, 생활비. 그리고 많은 경우 둘 중 하나를 포기해야 한다는 현실과 마주하게 됩니다. 하나를 선택하기 위해 다른 하나를 잘라내야 하는 구조 속에서는, 잘려나간 조각이 오래도록 후회로 남습니다. 그러나 두 가지를 동시에 감당할 수 있는 경제적 폭이 있다면, 선택은 희생이 아니라 확장이 됩니다. 이것이 부의 본질입니다.

또 다른 장면도 떠올릴 수 있습니다. 예기치 못한 병이 찾아옵니다. 치료비는 빠르게 결정을 요구합니다. 동시에 부모님의 요양비, 자녀의 학자금, 당장 필요한 생활비가 겹쳐 들어옵니다. 자본이 부족하다면 우리는 하나 이상의 선택을 포기하거나, 누군가에게 고개를 숙여야 할지도 모릅니다. 그러나 충분한 자본 구조가 갖추어져 있다면 우리는 치료도, 가족의 책임도, 삶의 존엄도 동시에 붙들 수 있습니다. 그 순간 돈은 단순한 지불 수단이 아니라, 인간의 존엄을 지켜 주는 도구가 됩니다.

그래서 이 장에서 말하는 부자 엄마는 화려한 소비를 자랑하는 사람이 아닙니다. 위기 앞에서 당황하지 않는 사람입니다. "어쩔 수 없다." 대신 "내가 결정한다."라고 말할 수 있는 사람입니다. 그리고 그 한마디가 가능하려면, 자본이 나 대신 일하고 있어야 합니다.

　　노동소득은 시간에 묶여 있습니다. 내가 일하는 시간은 하루 스물네 시간을 넘을 수 없습니다. 노동이 멈추는 순간 소득도 멈춥니다. 그러나 자본소득은 시간이 축적될수록 확장될 가능성을 품습니다. 기업은 내가 잠든 사이에도 연구하고, 생산하고, 판매하고, 혁신합니다. 생산성이 높아질수록 기업의 이익은 커지고, 그 이익은 다시 투자와 고용과 기술 개발로 이어집니다. 그 가치 창출의 구조를 하나가 아니라 여러 개로 나누어 소유할 수 있다면 어떨까요? 그 구조를 만들고, 그 구조의 일부를 소유하는 방식, 바로 그것이 주식입니다.

　　우리는 트레이더가 되려는 것이 아닙니다. 단기 수익을 좇아 긴장 속에 사는 사람이 되려는 것도 아닙니다. 우리는 자본의 성장 구조 안으로 들어가려는 것입니다. 기업이 만들어 내는 가치의 흐름에서 스스로를 제외하지 않겠다는 선언, 바로 그것이 여기서 말하는 주식의 본질입니다.

　　물론 주식에는 변동성이 있습니다. 가격은 오르기도 하고 내리기도 하며, 손실 가능성도 분명히 존재합니다. 금융위기와 팬데믹 같은 충격은 언제든 다시 나타날 수 있습니다. 그래서 주식은 감정이 아니라 구조로 접근해야 합니다. 장기 분산, 시간 분산, 그리고 감당 가능한 범위 안에서의 자산 배분이 반드시 전제되어야 합니다. 모든 자산을 하나의 기업이나 하나의 판단에 집중하는 선택과, 경제 전체의 구조적 성장 위에 자본을 나누어 올려두는 선택은 전혀 다른 세계입니다. 또한 생활비와 비상자금은 반드시 분리되어야 합니다. 시장의 변동이 생활의 불안을 직접 건드리지 않도록 구조를 먼저 설계해야 합니다. 우리가 말하는 주식은 투기가 아니라 구조적 참여입니다.

그렇다면 왜 지금이어야 할까요?

지금 우리는 인공지능, 데이터, 반도체, 바이오, 에너지 전환, 우주 산업 같은 거대한 구조 변화의 초입에 서 있습니다. 기술은 단지 편리함을 제공하는 수준을 넘어, 생산성의 본질을 바꾸고 있습니다. 생산성이 바뀌면 기업의 이익 구조가 바뀌고, 이익 구조가 바뀌면 산업의 지형이 재편됩니다. 여기에 인구 구조 역시 빠르게 변하고 있습니다. 고령화는 심해지고, 평균수명은 늘어나며, 연금만으로는 모든 선택을 끝까지 지켜내기 어려운 시대가 되었습니다. 이런 시대에 자본이 자라지 않는 구조에 머무르는 것은 점점 더 큰 비용을 치르게 만드는 선택이 되고 있습니다.

완벽한 준비란 없습니다. 금리가 안정된 뒤, 시장이 완전히 오른 뒤, 뉴스가 긍정적으로 바뀐 뒤에 시작하려 한다면 우리는 늘 한 발 뒤에서 움직이게 됩니다. 구조는 기다려주지 않습니다. 다만 작은 진입은 기다립니다. 거대한 결단이 아니라, 감당 가능한 범위 안에서의 점진적 시작이 이후의 모든 선택을 바꿉니다. 시간은 언제나 일찍 시작한 사람 쪽으로 기울어지는 경향이 있습니다. 복리는 속도의 결과가 아니라 지속의 결과이기 때문입니다.

부자 엄마는 수익률을 자랑하는 사람이 아닙니다. 인생의 위기 앞에서도 존엄을 지킬 수 있는 자본 구조를 스스로 선택한 사람입니다. 그리고 그 선택은 한 번의 베팅이 아니라, 긴 시간 위에 올려놓은 방향성을 지켜 나가는 일입니다. 방향을 정하는 순간 삶의 계산 방식도 바뀝니다. 돈을 소비의 도구로만 보던 시선이, 선택을 지키는 구조로 확장되기 시작합니다.

3부는 바로 그 방향성의 구체화입니다. 이제 우리는 질문을 바꾸려 합니다. 굳이 주식까지 해야 하나가 아닙니다. 자본의 흐름에서

스스로를 끝까지 제외할 것인가, 아니면 구조 안으로 들어가 선택의 폭을 지킬 것인가? 이 질문에 답하는 순간 우리는 구조 안에 서게 됩니다. 그리고 그 진입은 단순한 금융 선택이 아니라, 삶의 주도권을 되찾는 선택이 됩니다.

이 장은 수익을 말하기 전에 존엄을 말합니다. 숫자를 말하기 전에 방향을 말합니다. 그리고 그 방향은 지금 이 자리에서, 시간과 함께 시작할 수 있습니다.

부자 엄마는 돈이 많은 사람이 아닙니다. 인생의 위기 앞에서도 존엄을 지킬 수 있는 자본 구조를 스스로 선택한 사람입니다.

주식을 한다면, 어디에서 할 것인가?

이제 질문은 조금 더 구체적이어야 합니다. 주식을 한다면, 어디에서 할 것인가? 이 물음은 단순히 어느 나라 주식이 더 많이 오를 것인가를 묻는 질문이 아닙니다. 그것은 자본이 지금 어디로 흐르고 있는지, 기술과 산업의 심장이 어디에서 더 빠르게 뛰고 있는지, 그리고 그 거대한 흐름의 안쪽에 설 것인지 바깥에 설 것인지를 묻는 질문에 가깝습니다.

자본은 감정을 따라 움직이지 않습니다. 자본은 구조를 따라 움직입니다. 기술이 태어나고, 산업이 확장되며, 실패가 사라지지 않고 다시 자산으로 재배치되고, 그 자산이 또 다른 도전을 낳는 생태계로 이동합니다. 이 흐름은 산업혁명의 역사 속에서 반복되어 왔습니다. 처음에는 기술의 씨앗이 여러 곳에서 흩어져 태어납니다. 그러나 시간이 흐를수록 그 기술이 대규모 자본과 결합하고, 산업이 되어 세계 표준으로 확장되는 과정은 점점 특정한 시장으로 모여들게 됩니다. 이 집합은 우연이 아니라 제도와 자본시장, 인재와 실패를 흡수하는 문화가 결합된 결과입니다.

제1차 산업혁명은 증기기관과 철도에서 시작되었습니다. 인간의 근육을 대신하는 동력은 생산의 개념을 바꾸었고, 철도는 운송의 시간과 공간을 다시 썼습니다. 세상은 넓어졌고, 시간은 짧아졌습니다. 그러나 기술만으로 자본이 스스로 커진 것은 아니었습니다. 철도망을 연결하고, 금융 시스템을 통해 막대한 공사 자금을 조달하며, 상장 기업의 형태로 투자자를 끌어들일 수 있는 시장이 중심이 되었습니다. 기술은 산업이 되었고, 산업은 자본이 되었으며, 자본은 다시 다음 혁신의 발판이 되었습니다.

제2차 산업혁명은 전기와 자동차의 시대였습니다. 대량생산 체계가 등장했고, 내연기관은 도시의 구조 자체를 바꾸었습니다. 이 시기부터 주식시장은 단순히 사고파는 장소를 넘어, 성장 자본을 집결시키는 플랫폼으로 진화했습니다. 자본은 기술을 선택했고, 선택된 기술은 다시 자본을 끌어들였습니다. 산업의 규모는 이전과 비교할 수 없을 정도로 커졌고, 시장은 더 이상 결과를 반영하는 곳만이 아니라 미래를 선점하는 공간이 되기 시작했습니다.

제3차 산업혁명은 반도체와 컴퓨터, 인터넷으로 이어졌습니다. 정보는 자산이 되었고, 플랫폼은 산업 질서를 뒤흔들었습니다. 이 시기부터 기술과 자본의 집합은 훨씬 더 선명해졌습니다. 연구개발과 벤처 자본, 인재와 상장 시장이 유기적으로 연결된 생태계는 미국에서 가장 빠르게 완성되었습니다. 실리콘밸리는 단지 기술 기업이 많은 지역이 아니라, 젊은 기업가의 실패를 받아들이고, 실패한 기술과 인재를 다시 다음 기업으로 연결시키는 구조를 가진 공간이었습니다. 자본은 그 위험을 감수했고, 상장은 끝이 아니라 또 다른 시작이 되었습니다. 무너진 기업의 기술은 사라지지 않았고, 인재는 다른 기업으로 이동했으며, 자본은 후퇴하지 않고 재배치되었습니다. 바로 이 과정에서 글로벌 연구개발과 시가총액 상위 기업의 중심은 점점 미국 시장으로 수렴하기 시작했습니다.

그리고 지금, 제4차 산업혁명이라 불리는 전환의 중심에는 인공지능과 데이터, 클라우드, 바이오 기술이 놓여 있습니다. 기술의 진보는 이제 지역 단위가 아니라 세계 단위에서 경쟁합니다. 그러나 그 경쟁에서 막대한 자본을 가장 빠르게 집행하고, 인프라를 선점하며, 전 세계 인재와 데이터를 끌어들이고 있는 기업들은 상당수가 미국에 기반을 두고 있습니다. 애플, 마이크로소프트, 알파벳, 아마존, 엔비디아, 메타, 테슬라로 대표되는 초대형 기업들은 단순히 시가총액이 큰 기업이 아닙니다. 이들은 인공지능 인프라와 데이터센터, 반도체 설계, 클라우드 네트워크, 자율주행, 우주 산업, 바이오 기술까지 연결되는 거대한 가속 장치입니다. 자본이 집중되고, 데이터가 축적되며, 네트워크 효과가 커지고, 규모의 경제가 다시 경쟁력을 강화하는 구조가 그 안에서 작동합니다.

기술은 여러 지역에서 시작될 수 있습니다. 그러나 그 기술이 대규모 자본과 결합해 세계 표준으로 확장되는 과정은 지난 수십 년 동안 미국에서 가장 빠르게 이루어져 왔습니다. 물론 이것이 영원한 독점 구조를 의미하는 것은 아닙니다. 반독점 규제는 강화되고 있고, 지정학적 갈등과 기술 패권 경쟁은 언제든 새로운 변수가 될 수 있습니다. 미국 시장 또한 시가총액 집중도와 높은 밸류에이션, 각종 변수와 정치적 불확실성이라는 구조적 부담을 안고 있습니다. 그래서 미국 시장 투자는 '전부'가 되어서는 안 됩니다. 그것은 어디까지나 글로벌 분산 전략 안에서 가장 중요한 한 축이어야 합니다. 우리가 미국을 맹신하려는 것이 아니라, 현재 세계 자본이 어디에 가장 두껍게 배치되고 있는지를 인정하려는 이유가 여기에 있습니다.

그럼에도 불구하고 중요한 사실은, 위기 이후에도 자본 집행과 연구개발이 멈추지 않았다는 점입니다. 금융위기 이후에도, 팬데믹 이후에도, 미국 주요 기업들의 자본 지출은 구조적으로 무너지지 않았습니다. 오히려 기술 전환의 속도는 더 빨라졌습니다. 이 복원력은 장기 투자에서 결정적인 요소입니다. 시장의 본질은 흔들림이 아니라, 흔들림 이후 다시 어디가 먼저 살아나는가에 있기 때문입니다.

이제 질문은 조금 바뀌어야 합니다. 왜 미국인가라는 질문도 중요하지만, 왜 지금인가라는 질문 역시 피할 수 없습니다. 지금 우리는 인공지능이 상용화 단계로 들어가는 시점 위에 서 있습니다. 생성형 인공지능은 단지 새로운 기술 유행이 아니라 생산성의 구조 자체를 바꾸고 있습니다. 데이터센터는 전력 수요를 바꾸고 있고, 반도체 설계는 국가 전략 산업이 되었으며, 바이오 기술은 의료의 패러다임을 흔들고 있습니다. 에너지 전환은 더 이상 정책 구호가 아니라 자본이 실제로 이동하는 산업 방향이 되었고, 우주 산업은 공상 과학이 아니라 민간 기업이 확장 가능한 사업 영역으로 바꾸고 있습니다. 이런 전환의 초기 단계에서는 언제나 막대한 자본이 필요합니다. 그리고 그 자본이 가장 빠르게, 가장 크게, 가장 공격적으로 집행되는 시장이 어디인지를 우리는 이미 보고 있습니다.

동시에 인구 구조는 빠르게 고령화되고 있습니다. 연금만으로 모든 선택을 지켜 내기 어려운 시대가 오고 있습니다. 노동소득에는 분명한 한계가 있지만, 자본소득은 선택이 아니라 점점 더 필수가 되어 가고 있습니다. 이 구조 안에서 우리는 더 이상 "굳이 해야 하나?"를 묻는 자리보다, "끝까지 나를 구조 밖에 둘 것인가?"를 묻는 자리로 옮겨가고 있습니다.

우리는 이미 3부의 문을 열었습니다. 이제부터 산업을 보고, 기업을 보고, 종목을 보게 될 것입니다. 그러나 출발점은 언제나 태도입니다. 구조 밖에서 계속 관망할 것인지, 아니면 감당 가능한 범위 안에서 구조 안으로 들어갈 것인지의 문제입니다. 완벽한 타이밍은 존재하지 않습니다. 시장이 확실히 오른 뒤에는 이미 가격에 반영되어 있고, 기술이 완전히 자리 잡은 뒤에는 성장의 상당 부분이 지나가 있습니다. 자본은 선행하고 뉴스는 후행합니다. 기다림은 안전해 보이지만, 구조적 전환기에는 가장 비싼 선택이 될 수도 있습니다.

그렇다고 해서 모든 것을 한꺼번에 걸자는 이야기는 아닙니다. 우리는 올인을 말하는 것이 아닙니다. 준비된 분산 속에서, 통제 가능한 비중으로, 장기적 시계열 안에서 구조에 참여하자는 것입니다. 미국 시장은 완벽한 선택이 아니라, 기술 진보와 자본 순환이 가장 밀집되고 가속화된 구조에 참여하는 현실적인 선택지입니다. 그것은 한 나라를 선택하는 일이기보다, 기술과 자본이 가장 빠르게 결합하는 흐름의 중심축을 인정하는 일에 가깝습니다.

3부는 이제 본격적으로 시작됩니다. 산업의 진화와 카테고리의 이동, 기업의 경쟁력과 단기·중기·장기의 시간 배분을 함께 살펴보게 될 것입니다. 글로벌 분산 전략과 리스크 관리까지 함께 보게 될 것입니다. 그러나 지금 이 순간 가장 먼저 필요한 것은 지식보다 결심입니다. 자본의 흐름은 멈추지 않습니다. 우리가 그 안에 설 것인지, 아니면 계속 바깥에 서 있을 것인지만 남아 있습니다. 지금은 관망의 시대가 아니라 배치의 시대입니다. 그리고 그 배치는 오늘부터 시작됩니다.

미국 시장에 투자한다는 것은 단지 미국 기업 하나를 고르는 일

이 아닙니다. 그것은 기술 진보가 집합되고 가속화되는 거대한 흐름의 구조 안에, 나의 근로소득과 시간을 함께 배치하는 선택입니다. 다시 말해 돈을 묻어 두는 것이 아니라, 시대가 움직이는 방향 위에 나의 시간을 올려두는 일입니다.

제2화
제1차, 제2차 산업혁명

기술은 흩어졌고, 자본은 응축되었다.

산업은 언제나 작은 발명에서 시작되었습니다. 그러나 발명이 곧바로 부를 만들어주지는 않았습니다. 우리는 이 지점을 분명히 보아야 합니다. **세상을 바꾼 것은 기술이었지만, 세대를 건너 축적되는 부를 만든 것은 늘 구조였습니다.** 사람들은 발명가의 이름을 기억하고, 신문은 새로운 기술을 찬양합니다. 그러나 자본은 늘 다른 선택을 해왔습니다. 자본은 감동보다 확장 가능성에, 아이디어보다 반복 가능한 구조에 붙어 왔습니다. 이 차이를 이해하지 못하면 우리는 언제나 기술의 이야기만 기억하고, 정작 자본이 어디로 이동했는지는 놓치게 됩니다.

제1차 산업혁명은 증기기관과 철도의 시대였습니다. 제임스 와트의 증기기관은 광산의 배수와 공장의 동력을 혁신하며 생산성의 차원을 바꾸었습니다. 인간의 근육을 대신하는 동력은 생산의 개념 자체를 바꾸어 놓았습니다. 그러나 진짜 자본이 응축된 곳은 증기기관 자체가 아니라, 그 동력을 활용해 산업의 혈관을 만든 철도 기업들이었습니다. 철도는 단순한 교통수단이 아니었습니다. 철도는 석탄을 운반하고, 철강을 실어 나르며, 농산물을 시장으로 연결하고, 도시와 도시를 하나의 경제권으로 묶는 산업의 동맥이었습니다. 결국 동맥을 장악한 기업이 산업의 흐름을 장악하게 됩니다.

19세기 미국에서 철도망은 산업 그 자체를 넘어 시장을 통합하는 구조가 되었습니다. 대륙을 가로지르는 철도는 단순한 노선이 아니라, 지역을 하나의 가격 체계와 물류 체계 안으로 묶는 힘이었습니다. 그 안에서 코넬리우스 밴더빌트 같은 인물은 철도와 해운을 통합하며 경쟁 회사를 흡수하고, 중복 노선을 정리하고, 운임을 낮추면서도 수익성을 유지하는 구조를 만들었습니다. 투자자들이 진짜로 돈을 걸었던 것은 증기기관이라는 발명 그 자체가 아니라, 그 발명을 바탕으로 규모의 경제와 지배력을 만들어내는 통합된 구조였습니다. 자본은 감동이 아니라 지배력에 붙었습니다.

그러나 철도라는 동맥을 가능하게 한 더 깊은 산업이 있었습니다. 바로 철강이었습니다. 철도와 교량, 공장과 도시를 떠받친 것은 결국 강철이었습니다. 19세기 후반 미국의 철강 생산은 폭발적으로 증가했고, 철강은 단순한 소재가 아니라 산업혁명의 뼈대가 되었습니다. 카네기 스틸은 생산 공법을 혁신하고, 철광석 채굴에서 제철소, 운송망까지 수직 통합을 이루며 원가 경쟁력을 확보했습니다. 여기서 중요한 것은 기술의 보유가 아니라 구조의 완성이었습니다. 비용을 낮추고, 공급을 안정시키고, 대규모 수요를 감당할 수 있는 체계를 만든 기업이 결국 자본의 중심에 섰습니다.

1901년 J. P. 모건이 카네기 스틸을 포함한 주요 철강 회사를 통합해 U.S. Steel을 출범시킨 장면은 매우 상징적입니다. 산업 현장에서 축적된 생산력이 금융 자본과 결합하며, 역사상 처음으로 시가총액 10억 달러를 넘기는 거대한 기업이 탄생했습니다. 이 순간은 단순한 합병 이상의 의미를 가집니다. 산업은 공장에서 태어났지만, 자본은 금융시장 안에서 다시 응축되었습니다. 주식과 회사채를 통해 대규모 자금을 조달하고, 그것을 다시 산업 확장에 투입하는 구조가 비로소 자리 잡은 것입니다. 뉴욕 증권거래소는 단순히 주식을 사고파는 장소가 아니라, 산업을 흡수하고 재편하며 다시 키워내는 자본의 허브가 되었습니다.

물론 이 과정이 순탄하기만 했던 것은 아닙니다. 철도 과잉 투자와 금융 과열은 19세기 후반 거대한 공황을 불러왔고, 수많은 철도 회사와 기업이 무너졌습니다. 그러나 여기서 우리가 반드시 구분해야 할 것이 있습니다. 산업은 살아남았습니다. 구조는 재편되었고,

오히려 더 강하게 응축되었습니다. 하지만 모든 투자자가 살아남은 것은 아니었습니다. 열광의 정점에서 무리하게 진입한 개인은 구조가 재편되는 동안 큰 손실을 감당해야 했고, 레버리지를 과도하게 사용한 투자자는 청산되었으며, 버틸 현금 흐름이 없었던 개인은 시장에서 퇴장했습니다. 구조의 생존과 개인의 생존은 동일하지 않습니다. 그래서 우리는 늘 열광이 아니라 시간, 분산, 감당 가능한 범위라는 조건 위에서 구조를 읽어야 합니다. 자본의 원리는 반복되지만, 참여자의 생존은 언제나 조건에 달려 있습니다. 이것이 제1차 산업혁명이 남긴 냉정한 교훈입니다.

제2차 산업혁명은 전기와 자동차의 시대였습니다. 전기는 밤의 시간을 바꾸었고, 자동차는 공간의 질서를 바꾸었습니다. 에디슨의 전구는 상징적인 발명이었지만, 부를 만든 것은 전구 그 자체보다 전력 인프라였습니다. 도시 전체를 연결하는 전력망, 전기를 안정적으로 생산하고 공급하는 시스템, 그 시스템을 통해 생활과 산업의 방식을 바꾸는 구조가 자본의 중심이 되었습니다. 발명은 문을 열었지만, 자본은 언제나 인프라 쪽으로 이동했습니다. 인프라는 반복적으로 사용될 수 있고, 수많은 기업과 시민의 삶을 그 위에 올려놓게 만들기 때문입니다.

자동차 역시 마찬가지였습니다. 헨리 포드는 이동식 조립 라인을 도입하며 자동차 생산 시간을 획기적으로 줄였습니다. 이 혁신은 단순한 기술 개선이 아니라 생산 체계 전체를 바꾸는 사건이었습니다. 자동차 산업은 자동차만을 만드는 산업이 아니었습니다. 그것은 도로 건설을 불러왔고, 정유 산업을 키웠으며, 철강 수요를 확대했고, 금융 할부 시스템까지 함께 성장시켰습니다. 하나의 기술이 여러 산업을 동시에 확장시키는 구조, 바로 그 구조 안으로 자본이 응축되었습니다.

이 시기 존 록펠러의 스탠더드 오일이 보여 준 장면 역시 본질은 같습니다. 그는 정유만 한 것이 아니라, 운송과 유통까지 통합하며 비용 절감과 공급 안정성을 동시에 확보했습니다. 기술은 곳곳에서 등장했지만, 자본은 언제나 통합된 구조로 이동했습니다. 기술을 소유한 기업보다, 기술을 연결해 지배력을 만드는 기업이 더 큰 부를 가져갔습니다. 산업은 반복되지 않지만, 자본의 응축 메커니즘은 반복됩니다. 인프라가 깔리고, 통합이 이루어지고, 금융이 결합하며, 규모의 경제가 만들어지고, 그 위에서 다시 자본이 재응축됩니다. 이 공식을 이해하지 못하면 우리는 발명가의 이름만 기억하고, 정작 시대의 부가 어디에서 만들어졌는지는 놓치게 됩니다.

이제 우리는 자연스럽게 묻게 됩니다. 오늘의 반도체, 오늘의 클라우드, 오늘의 인공지능 앞에서 우리는 무엇을 보아야 하는가? 개별 기술 그 자체를 보아야 하는가, 아니면 그 기술을 산업 구조로 통합하는 인프라와 플랫폼을 보아야 하는가? 과거는 지나갔지만, 원리는 남아 있습니다. 그리고 바로 이 원리가 오늘의 시장을 읽는 기준이 됩니다.

여기에서 하나의 사고 실험을 해보면 더 선명해집니다. 만약 우리가 지금의 통찰을 가진 채 제1차 산업혁명 시대로 돌아갈 수 있다면 어디에 투자하시겠습니까? 증기기관을 만든 발명가에게 투자하시겠습니까, 아니면 대륙을 연결한 철도 네트워크 기업에 투자하시겠습니까? 혹은 철도와 교량과 도시를 떠받친 철강 기업, 결국 구조적 응축을 완성한 거대 통합 기업에 투자하시겠습니까? 그 시대의 신문을 읽고 있다면 우리는 분명 발명가의 이름에 더 설렐 것입니다. 혁신은 눈에 보입니다. 구조는 눈에 잘 보이지 않습니다. 그러나 눈에 보이지 않는 것이 결국 현금을 만듭니다. 저라면 두 축을 봅니다. 하나는 산업의 동맥을 장악한 철도 네트워크 기업이고, 다른 하나는 그 동맥을 가능하게 한 기초 소재 산업의 통합 기업입니다.

제2차 산업혁명 초입으로 이동해도 질문은 같습니다. 에디슨의 연구소에 투자하시겠습니까 아니면 도시 전체를 연결하는 전력 인프라 기업에 투자하시겠습니까? 포드의 자동차 공장에 투자하시겠습니까, 아니면 정유와 운송과 유통을 통합해 구조를 장악한 기업에 투자하시겠습니까? 발명은 감동을 줍니다. 그러나 구조는 현금을 만듭니다. 이 사고 실험은 과거를 낭만적으로 바라보기 위함이 아닙니다. 지금 우리가 어떤 눈으로 현재를 읽어야 하는지를 훈련하기 위한 것입니다.

다음 장에서 우리는 제3차 산업혁명과 4차, 그리고 앞으로 이어질 5차 산업의 흐름을 볼 때 무엇을 먼저 보아야 하는지를 더 구체적으로 훈련하게 될 것입니다. 반도체라는 기술 자체보다 그 생태계를 장악한 플랫폼이 어디에 있는지, 인공지능이라는 아이디어보다 데이터와 인프라를 응축하는 구조가 무엇인지, 자본이 어디에서 압축되고 어디에서 다시 배치되는지를 읽는 연습입니다.

지금 우리는 또 하나의 응축 초입에 서 있습니다. 기술은 이미 움직이고 있습니다. 자본은 이미 배치되고 있습니다. 남아 있는 것은 우리의 위치뿐입니다. 우리는 타임머신을 타고 과거로 돌아갈 수는 없습니다. 그러나 같은 원리가 반복되는 현재 위에 서 있습니다. 그리고 이번에는 관객이 아니라 참여자가 될 수 있습니다. 그 순간부터 투자는 추측이 아니라 방향이 됩니다.

제3화
제3차 산업혁명

정보는 흘렀고, 플랫폼은 자본을 빨아들였다.

1차, 제2차 산업혁명은 물리적 세계를 확장하고 가속화한 혁명이었습니다. 증기기관은 움직임을 바꾸었고, 전기와 자동차는 공간을 재편했습니다. 자본은 철도와 전력, 석유와 자동차처럼 눈에 보이는 인프라를 장악한 기업으로 이동했고, 산업의 중심은 언제나 그 인프라 위에 세워졌습니다. 자본은 그 중심에 응축되었습니다.

그러나 제3차 산업혁명은 결이 조금 달랐습니다. 이번에는 동력보다 정보가 중심이 되었습니다. 공장과 철도, 전력망처럼 눈에 보이는 기반시설이 아니라, 데이터와 네트워크, 운영체제와 플랫폼처럼 눈에 보이지 않는 구조가 산업의 기반이 되기 시작했습니다. 정보는 더 이상 특정 공간에 갇혀 있지 않았습니다. 흙과 쇳덩이의 세계를 떠나 공기처럼 이동하고, 복제되고, 연결되고, 확산되었습니다. 그리고 바로 그 순간부터 자본의 응축 방식도 달라지기 시작했습니다.

1970년대에는 반도체가 등장했습니다. 1980년대와 1990년대에는 개인용 컴퓨터가 책상 위에 올라왔고, 2000년대에는 인터넷이 폭발적으로 확산되었습니다. 2010년대에는 모바일과 클라우드가 결합하며 전 세계가 실시간으로 연결되었습니다. 기술은 단계적으로 진화했지만, 그 흐름은 하나였습니다. 정보의 디지털화, 연결의 가속화, 그리고 플랫폼의 등장. 이것이 제3차 산업혁명의 핵심 줄기였습니다.

여기서 우리는 정보 혁명의 가장 깊은 바닥을 먼저 보아야 합니다. 그 기초는 반도체였습니다. 반도체 설계와 칩 제조, 정밀 장비와 화학 소재, 웨이퍼와 파운드리로 분화된 구조가 만들어지면서 산업은 점점 더 다층적이고 정교한 생태계로 발전했습니다. 겉으로는 수많은 PC 브랜드와 디지털 제품이 난립해 보였지만, 그 밑바닥 인프라는 소수 기업과 소수 기술 위에 압축되어 있었습니다. 정보 산업역시 겉으로는 분산되어 보이지만, 기초 인프라는 빠르게 응축되는 구조를 가졌던 것입니다.

처음에는 그저 편리함으로만 보였습니다. 이메일이 더 빨라지고, 검색이 쉬워지고, 파일을 멀리 보내는 일이 간단해지는 정도의 변화처럼 느껴졌습니다. 그러나 이 기술들은 단순한 도구가 아니었습니다. 산업의 질서를 통째로 다시 짜는 힘이었습니다. 그래서 우리는 여기서 질문을 다시 던져야 합니다. 제3차 산업혁명에서 가장 큰 부를 만든 것은 무엇이었을까요? 컴퓨터를 조립한 수많은 제조사였을까요, 아니면 그 위에 올라탄 운영체제와 플랫폼을 장악한 기업들이었을까요?

PC 산업을 떠올려 보십시오. 1980년대와 1990년대에는 수많은 컴퓨터 제조사가 등장했습니다. IBM 호환 PC를 기반으로 델과 컴팩, 게이트웨이, 에이서, 그리고 셀 수 없이 많은 중소 조립업체들이 시장을 채웠습니다. 겉으로 보기에는 진입장벽이 낮아 보였고, 브랜드는 넘쳐났으며, 경쟁은 치열했습니다. 그러나 시간이 흐르자 구조는 빠르게 정리되었습니다. 하드웨어는 범용화되었고, 차별화는 점점 어려워졌습니다. 그리고 결국 가장 큰 부를 가져간 것은 조립 제조사들이 아니라 운영체제와 소프트웨어 표준을 장악한 기업들이었습니다.

수십 개의 PC 제조사가 경쟁했지만, 그 위에 올라탄 소프트웨어 생태계는 윈도우라는 하나의 표준으로 압축되었습니다. 마이크로소프트는 윈도우를 통해 생태계를 장악했고, 소프트웨어 개발자와 기업 사용자를 동시에 묶어냈습니다. 애플은 하드웨어와 소프트웨어를 통합한 독자 구조로 차별화에 성공했습니다. 수많은 제조사는 사라졌지만 자본은 플랫폼을 가진 소수 기업으로 응축되었습니다.

버블은 꺼졌지만 구조는 남았습니다. 그리고 자본은 언제나 남는 구조 쪽으로 이동했습니다.

닷컴버블 시기 역시 같은 원리를 더 극적으로 보여 주었습니다. 수많은 인터넷 기업이 등장했고, 광고와 기대만으로도 엄청난 평가를 받았습니다. 그러나 화려함이 곧 구조를 의미하지는 않았습니다. 수백 개의 기업은 열광 속에서 상장되었고, 열광이 끝나자 연기처럼 사라졌습니다. 그 와중에도 살아남은 기업들이 있었습니다. 아마존은 생존했고, 구글은 성장했습니다. 무너짐은 무작위가 아니었습니다. 구조가 없던 기업은 사라졌고, 플랫폼을 가진 기업은 남았습니다. **정보는 흘렀지만, 플랫폼은 그 흐름을 빨아들였습니다.**

모바일 산업도 다르지 않았습니다. 노키아와 모토로라, 블랙베리, HTC, 소니에릭슨, LG 등 수많은 기업이 스마트폰 시장에 뛰어들었습니다. 초기 스마트폰 시장은 혼란 그 자체였습니다. 제조사는 넘쳐났고, 디자인과 기능 경쟁은 치열했습니다. 그러나 시간이 지나면서 구조는 급격히 압축되었습니다. 제조의 중심은 결국 갤럭시와 아이폰이라는 두 축으로 수렴했고, 운영체제 역시 팜 OS, 심비안, 블랙베리, 윈도우폰 같은 수많은 시도를 거쳐 결국 iOS와 안드로이드라는 양자 체제로 압축되었습니다. 제조사는 많았지만 플랫폼은 소수였습니다. 단말기는 다양했지만 생태계는 극도로 집중되었습니다. 자본은 언제나 그 집중의 끝으로 몰렸습니다.

소셜미디어 산업도 똑같은 길을 걸었습니다. 마이스페이스와 프

렌드스터, 싸이월드 같은 플랫폼이 먼저 등장했고, 페이스북이 시장을 장악했습니다. 그런데 거기서 끝나지 않았습니다. 모바일 시대에 인스타그램이라는 새로운 플랫폼이 등장하자 많은 사람들은 그것이 페이스북을 위협할 것이라 생각했습니다. 그러나 자본은 경쟁을 파괴로만 끝내지 않았습니다. 경쟁을 흡수로 바꾸었습니다. 페이스북은 인스타그램을 인수했고, 이후 왓츠앱까지 품으며 더 거대한 플랫폼 제국으로 진화했습니다. 강자가 약자를 이기는 것이 아니라, 강자가 강자를 흡수하며 생태계를 통합하는 구조. 이것이 제3차 산업혁명의 또 다른 특징이었습니다.

플랫폼의 수익 구조는 더 강력했습니다. 광고와 구독, 앱스토어 수수료, 클라우드 사용료, 데이터 기반 타기팅처럼 한 번 형성된 생태계는 다층적 수익 모델을 만들어 냈습니다. 사용자는 무료처럼 보이는 서비스 안에 머물렀지만, 자본은 그 안에서 반복적으로 현금을 회수했습니다. 이것이 플랫폼 경제의 구조적 힘입니다. 한 번 생태계 안에 들어온 사용자는 쉽게 떠나지 못하고, 떠나려는 비용은 점점 커집니다. 바로 이 전환 비용과 네트워크 효과가 플랫폼을 더 강하게 만들고, 그 강함은 다시 자본을 더 빠르게 끌어들입니다.

이 모습은 마치 삼국지와도 같습니다. 새로운 시대의 문이 열릴 때는 수많은 군웅이 난립합니다. 각자 자신이 새로운 역사의 주인이 될 것처럼 보입니다. 그때 시장에는 버블이 생깁니다. 기대는 과열되고, 사람들은 가능성 자체에 열광합니다. 그러나 시간이 흐르면

판은 정리됩니다. 때로는 경쟁으로, 때로는 동맹으로, 때로는 흡수와 통합으로, 구조는 위와 촉과 오처럼 소수로 압축됩니다. 자본 역시 그렇습니다. 초기에 다수로 흩어졌던 자본은 시간이 흐를수록 응축되고, 응축된 구조 안으로 다시 빨려 들어갑니다.

그렇다고 집중과 응축이 영원한 안전을 뜻하는 것은 아닙니다. 플랫폼 독점은 늘 규제의 대상이 되고, 기술 전환은 생각보다 빠르게 구조를 교체하기도 합니다. 응축이 빠를수록 교체 역시 빨라질 수 있습니다. 그래서 우리는 열광이 아니라 구조와 지속성을 함께 보아야 합니다. 누가 유행을 만들고 있는가가 아니라, 누가 인프라를 장악하고 있는가를 보아야 합니다. 누가 눈에 띄는 제품을 팔고 있는가가 아니라, 누가 생태계를 운영하고 있는가를 물어야 합니다.

이제 다시 질문하겠습니다. 1990년대 PC 산업의 초입으로 타임머신을 타고 돌아간다면, 어디에 투자하시겠습니까? 제조사입니까, 운영체제입니까? 2007년 스마트폰의 초입에 다시 선다면, 단말기입니까, 생태계입니까? 2012년 인스타그램이 등장했을 때라면, 신흥 SNS입니까 아니면 그것을 흡수해 플랫폼 제국을 더 키우는 구조입니까? 저라면 제품이 아니라 플랫폼을, 단말기가 아니라 운영체제를, 개별 앱이 아니라 생태계를 장악하는 구조를 선택합니다.

제3차 산업혁명은 우리에게 분명히 가르쳐 주고 있습니다. 정보 산업에서는 플랫폼이 곧 인프라가 됩니다. 네트워크 효과는 경쟁을 빠르게 응축시키고, 응축된 구조는 다시 자본을 빨아들입니다. 강자는 경쟁을 통합하고, 자본은 디지털 인프라를 장악한 소수 기업으로 강하게 몰립니다. 이것이 정보 산업에서 반복된 자본의 문법입니다.

그리고 지금 우리는 또 하나의 초입에 서 있습니다. 인공지능, 데이터센터, 클라우드, 로보틱스, 자율주행, 에너지 저장, 바이오, 유전자 편집기술, 블록체인, 디지털 자산, 우주세대 네트워크까지, 지금도 수많은 기업이 등장하고 있습니다. 그러나 시간이 지나면 다시 응축될 것입니다. 흡수될 것입니다. 통합될 것입니다. 그리고 자본은 다시 소수의 구조로 이동할 것입니다. 인류의 산업사가 반복되듯, 자본의 원리도 반복됩니다.

우리는 지금 또 한 번의 응축의 초입에 서 있습니다. 기술은 이미 움직이고 있습니다. 자본은 이미 배치되고 있습니다. 남아 있는 것은 우리의 위치뿐입니다. 우리는 타임머신을 타고 과거로 돌아갈 수는 없습니다. 그러나 같은 원리가 반복되는 현재 위에 서 있습니다. 그리고 이번에는 관객이 아니라 참여자가 될 수 있습니다. 그 순간부터 투자는 추측이 아니라 방향이 됩니다.

어떻게 하시겠습니까?

제4화

제4차 산업혁명

가속의 시대, 연결이 자본을 부른다.

지금 우리는 산업 진화의 중심에 서 있습니다. 이 자리는 과거를 정리하는 자리가 아니라, 현재를 읽어야 하는 자리입니다. 제4차 산업혁명은 하나의 기술이 세상을 바꾸는 방식으로 오지 않았습니다. 증기기관처럼 단일 동력이 등장한 것도 아니고, 전기처럼 하나의 보급 인프라가 세상을 덮은 것도 아닙니다. 이번에는 여러 기술이 동시에 등장하고, 서로 연결되며, 서로를 증폭시키면서 하나의 거대한 구조를 만들어 가고 있습니다.

인공지능은 반도체 없이 존재할 수 없습니다. 반도체는 설계 기술과 제조 인프라 없이는 확장될 수 없고, 클라우드는 데이터센터와 전력 인프라 없이는 작동하지 않습니다. 데이터는 플랫폼 위에 쌓이고, 플랫폼은 다시 인공지능을 강화합니다. 이 연결의 고리가 끊기지 않고 이어질수록 산업의 속도는 단순한 발전이 아니라 가속으로 바뀝니다. 여기서 중요한 것은 기술 하나의 우수함이 아니라, 그 기술들이 얼마나 깊고 단단하게 서로를 필요로 하는가입니다.

그래서 우리는 공급망의 계층을 한 번 더 아래로 내려다보아야 합니다. 인공지능 모델은 GPU 같은 고성능 반도체 위에서 돌아가고, 그 반도체는 설계 기업과 파운드리 기업, 장비 기업과 소재 기업이 맞물린 다층 구조 위에서 생산됩니다. 설계와 제조, 장비와 소재, 그리고 그것을 실제 가치로 전환하는 데이터센터 인프라가 유기적으로 연결되어야만 혁신의 가속은 지속될 수 있습니다. 어느 한 축이라도 막히면 전체 속도는 둔화됩니다. 따라서 제4차 산업혁명은 단일 기업 간의 일대일 경쟁이 아니라, 공급망 전체를 통합할 수 있는 구조 위에서 벌어지는 경쟁이라고 보아야 합니다.

여기서 우리는 한 가지를 더 이해해야 합니다. 왜 데이터가 많아질수록 속도는 더 빨라지는가? 이것은 단순히 데이터의 양이 늘어나는 문제가 아닙니다. 구조 자체가 바뀌기 때문입니다. 인공지능은 인간처럼 이해하는 존재가 아니라 확률을 계산하는 시스템입니다. 데이터가 적을 때는 대략적인 예측을 하지만, 데이터가 많아질수록 예측의 정확도는 급격히 높아집니다. 정확도가 높아지면 서비스 품질이 올라갑니다. 서비스 품질이 올라가면 사용자가 늘어납니다. 사용자가 늘어나면 데이터는 더 빠르게 쌓입니다. 더 많은 데이터는 다시 모델을 강화합니다. 이것은 단순한 증가가 아닙니다. 피드백 루프이며, 복리 구조의 진화입니다.

과거의 공장은 많이 만들수록 한계비용의 압박을 더 크게 받았습니다. 그러나 데이터는 다릅니다. 데이터는 쌓일수록 알고리즘을 정교하게 만들고, 알고리즘이 정교해질수록 서비스는 더 최적화되며, 서비스의 최적화는 다시 수익을 불러옵니다. 늘어난 수익은 다시 연구개발과 설비투자로 이어집니다. 이 구조가 멈추지 않을 때 속도는 선형으로 늘어나는 것이 아니라 기하급수적으로 가속됩니다.

여기에 한 가지를 더 보셔야 합니다. 최근의 초대형 인공지능 모델은 수십억 개를 넘어 수백억, 수천억 개의 파라미터를 가지며, 일부는 조 단위 구조로 확장되고 있습니다. 모델 규모가 커질수록 필요한 연산량은 단순히 두 배로 늘어나는 것이 아니라 기하급수적으로 증가합니다. 이 연산을 감당하려면 수만 개의 GPU가 동시에 작동해야 하고, 그 GPU는 막대한 전력과 냉각 설비를 요구합니다. 바로 이 지점에서 자본의 크기가 곧 기술 경쟁력으로 연결되기 시작합니다.

이 전력 수요는 단순한 설비 문제가 아닙니다. 대형 데이터센터 하나가 하나의 도시와 맞먹는 전력을 소비하기도 합니다. 따라서 에너지 전환과 전력망 확충, 재생에너지 인프라 확대가 동시에 진행되어야 합니다. 데이터센터는 단순한 서버 창고가 아니라, 전력과 냉각, 네트워크가 결합된 초대형 산업 설비입니다. 제4차 산업혁명은 디지털 혁명이면서 동시에 에너지 인프라 혁명이기도 합니다.

자율주행을 예로 들어보겠습니다. 자율주행 차량이 실제 도로를 달리면 매 순간 데이터가 생성됩니다. 도로의 형태, 날씨, 보행자의 움직임, 예외 상황, 사고 직전의 패턴까지 모든 것이 기록됩니다. 그 데이터는 중앙 서버로 모입니다. 인공지능은 쉼 없이 그 데이터를 학습합니다. 인간은 하루 몇 시간만 운전할 수 있지만, 인공지능은 가상 환경에서 수천만 번의 시뮬레이션을 동시에 수행할 수 있습니다. 학습이 이루어지면 더 정교해진 소프트웨어가 다시 차량에 배포됩니다. 개선된 차량은 더 나은 데이터를 다시 생성하고, 그 데이터는 다시 학습을 가속합니다. 이 순환이 반복될수록 기술은 계단식이 아니라 기하급수적으로 상승합니다. 이것이 바로 데이터 복리의 본질입니다.

이 구조를 가능하게 하는 것이 데이터센터입니다. 초대형 데이터센터는 단순한 저장 공간이 아니라 가속 엔진입니다. 모델이 커질수록 연산량은 폭증하고, 연산량이 늘어날수록 더 많은 설비투자가 필요합니다. 이 지점에서 자본의 규모는 단순한 우위가 아니라 진입 장벽이 됩니다. 최근 몇 년간 글로벌 초대형 기술 기업들의 자본적 지출은 수십억 달러 수준을 넘어, 어떤 기업은 연간 수백억 달러 단위의 CAPEX/자본지출을 집행하고 있습니다. 산업 전체로 보면 연간 수천억 달러 단위의 자본이 인공지능 인프라에 투입되고 있습니다. 이 숫자는 단순한 비용이 아닙니다. 후발 주자가 쉽게 넘을 수 없는 구조적 장벽입니다. 물론 이런 대규모 투자에는 그림자도 있습니다. 단기적으로는 이익률과 현금흐름의 변동성을 키우고, 주가의 흔들림도 더 크게 만들 수 있습니다. 그러나 장기적으로는 경쟁자를 밀어내는 깊은 해자로 작동합니다. 이 차이를 구분하지 못하면 우리는 변동성에 흔들리고, 구분할 수 있다면 구조를 보게 됩니다.

우리가 지금 보고 있는 것은 단순한 기술 진보가 아닙니다. 기술 간의 상호 의존이 만들어내는 구조적 가속입니다. 과거 산업혁명에서는 한 기술이 다른 산업을 바꾸는 데 시간이 걸렸습니다. 그러나 지금은 기술들이 동시에 움직이고, 동시에 확장됩니다. 그래서 자본은 흩어지지 않습니다. 오히려 더 빠르게 응축됩니다. 막대한 설비 투자를 감당할 수 있는 기업, 수십억 달러 단위의 CAPEX를 집행할 수 있는 기업, 기술 간 연결을 통합할 수 있는 기업으로 자본이 이동합니다. 이 규모는 단순한 숫자가 아니라 구조적 장벽입니다.

이 지점에서 우리는 과거와의 차이를 분명히 보아야 합니다. 1차, 제2차 산업혁명에서는 물리적 인프라가 중심이었습니다. 제3차 산업혁명에서는 플랫폼이 중심이었습니다. 그러나 제4차 산업혁명에서는 인프라와 플랫폼이 하나로 결합됩니다. 데이터 인프라를 가진 기업이 플랫폼을 운영하고, 플랫폼을 가진 기업이 다시 인공지능을 고도화하며, 그 인공지능이 또 다른 산업을 재편합니다. 연결이 곧 지배력으로 이어지는 구조입니다.

이 흐름 속에서 전 세계 자본이 어디로 이동하는지를 보셔야 합니다. 기술은 다양한 국가에서 등장할 수 있습니다. 그러나 상업화와 자본화의 중심은 점점 미국 시장으로 집합되는 경향을 보여 왔습니다. 이것은 어느 한 지역을 찬양하는 감정의 문제가 아니라 자본의 순수한 속성 문제입니다. 자본시장 규모, 법적 안정성, 벤처 생태계, 인재 유입 구조, 그리고 실패를 다시 흡수할 수 있는 시스템이 맞물릴 때 기술은 가장 빠르게 자본으로 전환됩니다. 그래서 오늘날의 거대한 기술 기업들은 단순한 기업이 아니라, 산업의 연결점을 장악한 구조적 중심이 됩니다.

오늘의 미국 주식시장을 움직이는 중심에는 NVIDIA, Apple, Alphabet, Microsoft, Amazon, Meta, Broadcom, Tesla, Berkshire Hathaway, Walmart 같은 초대형 기업들이 있습니다. 이 모든 기업은 모두 미국 기업입니다. 이들은 인공지능, 플랫폼, 반도체, 전기차, 소비, 투자라는 서로 다른 산업의 축을 이루며 세계 자본의 흐름을 끌어당기고 있습니다.

결국 현대 자본시장은 수천 개 기업의 시장처럼 보이지만, 실제로는 이 거대한 몇 개의 기업들이 기술과 돈의 방향을 함께 바꾸는 시대 위에 서 있습니다.

최근 미국 대표 기업들의 CAPEX 순위를 보면 아마존, 구글, 메타, 마이크로소프트가 최상위권을 차지합니다. 이는 자본이 이미

순위	기업	최근 연간 CAPEX / 자본지출	해석
1	Amazon	128.3B 달러(SEC)	물류센터·AWS 데이터센터에 가장 공격적으로 투자
2	Alphabet(구글)	91.4B 달러 (Alphabet Investor Relations)	AI 서버·데이터센터· 네트워크에 초대형 투자
3	Meta	72.22B 달러(메타)	AI 인프라와 데이터센터 확장에 집중
4	Microsoft	64.6B 달러(Microsoft)	Azure·AI 데이터센터 증설이 핵심
5	ExxonMobil	29.0B 달러(ExxonMobil)	에너지·석유·가스 설비와 대형 프로젝트 투자
6	Walmart	23.8B 달러 (월마트 기업 뉴스)	물류·매장·자동화· 기술 투자 확대
7	Oracle	21.2B 달러 (Oracle Investor Relations)	클라우드 데이터센터 투자 급증
8	Apple	11.0B 달러(CloudFront)	제조·설비·내부 시스템 투자
9	Tesla	8.53B 달러 (Tesla Investor Relations)	공장·에너지저장· AI/로보틱스 설비 투자

AI·클라우드·데이터센터 같은 미래 산업의 인프라에 가장 먼저, 가장 크게 배치되고 있음을 보여줍니다.

물론 가속에는 그림자도 함께 따라옵니다. 금리 상승은 대규모 설비투자의 부담을 키우고, 과잉 CAPEX는 공급 과잉을 낳을 수 있습니다. 반독점 규제는 플랫폼 확장을 제약할 수 있으며, 지정학적 갈등은 반도체 공급망을 흔들 수 있습니다. 가속은 기회를 확대하지만 동시에 변동성도 키웁니다. 응축이 빠를수록 조정 역시 더 빠르고 더 깊게 나타날 수 있습니다. 그래서 우리는 기술에 감동하는 사람이 아니라 구조를 읽는 사람이 되어야 합니다. 어느 기술 하나만 바라보는 것이 아니라, 그 기술이 무엇과 연결되어 있고, 그 연결을 누가 통합하고 있으며, 그 통합이 얼마나 오래 유지될 수 있는지를 함께 보아야 합니다. 자본은 단독으로 움직이지 않습니다. 연결된 구조 안에서 스스로 증폭될 수 있는 자리로 이동합니다.

이 장의 목적은 특정 기업을 추천하는 데 있지 않습니다. 우리가 서 있는 자리의 구조를 이해하는 데 있습니다. 산업이 연결될수록 자본은 더 빠르게 응축되고, 응축된 자본은 다시 기술을 가속시킵니다. 이 순환을 이해하는 순간 우리는 뉴스의 변동성에 휘둘리는 사람이 아니라 구조의 방향을 읽는 사람이 됩니다.

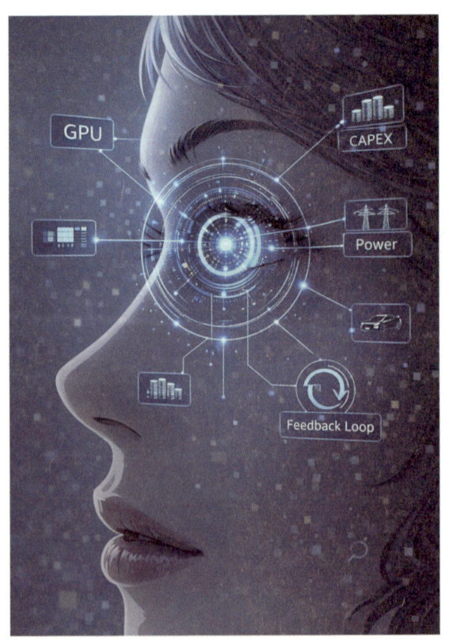

그리고 이제 질문은 더 직접적이어야 합니다. 지금도 단순 관찰자로 남을 것인가? 아니면 가속의 구조 안에 설 것인가? 제4차 산업혁명은 미래의 이야기가 아닙니다. 이미 자본은 이동하고 있고, 이미 설비는 깔리고 있으며, 이미 연결은 강화되고 있습니다. 우리가 늦는다고 해서 산업이 멈추지 않습니다. 다만 아직도 우리가 그 구조 밖에 서 있을 뿐입니다.

앞으로 10년, 20년, 이 가속이 어디까지 갈지 아무도 정확하게 예측할 수는 없습니다. 그러나 한 가지는 분명합니다. 연결 구조를 통합한 기업은 더 강해지고, 연결에서 배제된 기업은 더 빠르게 밀려납니다. 여기서 투자에 대한 태도도 달라져야 합니다. 단기 변동성에 반응하는 방식이 아니라, 구조적 가속의 중심에 노출되는 방식이어야 합니다. 분산은 필요합니다. 그러나 무차별 분산이 아니라 연결 구조의 핵심, 점과 점을 잇는 축을 이해한 전략적 접근이어야 합니다. 장기적 시계열 안에서 인프라와 반도체, 클라우드와 인공지능 플랫폼처럼 서로를 강화하는 축을 읽는 태도가 필요합니다.

선택은 결국 단순합니다. 변동성을 두려워하며 바깥에서 구경할 것인가, 아니면 구조를 이해하고 그 안에 자본을 놓을 것인가? 지금은 가속의 시대입니다. 연결이 자본을 부르고, 자본이 다시 연결을 강화합니다. 우리는 지금 또 한 번의 거대한 응축 변화의 중심에 서 있습니다.

인간은 어디에 설 것인가, 그리고 우리는 어떻게 해야 하는가?

산업혁명은 언제나 기술의 이야기처럼 보였지만, 더 깊이 들여다보면 그것은 늘 인간의 자리 이동에 대한 역사였습니다. 증기기관은 사람의 근육을 대신했고, 전기는 노동의 효율을 바꾸었으며, 플랫폼은 정보를 재편했습니다. 그리고 인공지능은 이제 방대한 데이터를 바탕으로 인간 사고의 일부를 대신하기 시작했습니다. 여기까지 이 흐름을 따라오셨다면, 이제 질문은 자연스럽게 바뀝니다. 제4차 산업혁명 다음에 무엇이 오느냐의 문제가 아니라, 인간은 이제 어디에, 어떤 존재로 서게 되느냐의 문제라는 사실입니다.

다가올 제5차 산업혁명은 단지 기술이 더 정교해지는 단계가 아닐 가능성이 큽니다. 자동화와 인공지능의 결합은 이미 일상의 일부가 되었고, 반복 업무와 계산은 점점 더 기계가 맡아 수행하고 있습니다. 그러나 그다음 단계는 생산성의 향상이 아니라 역할의 재정의일 수 있습니다. 기술이 인간을 밀어내는 구조가 아니라, 인간이 무엇을 해야 하는지를 다시 묻게 만드는 구조로 이동할 가능성이 더 큽니다. 기술의 진보가 가속화될수록, 인간 고유의 판단과 책임, 해석과 의미 부여의 영역은 오히려 더 선명하게 드러날 수도 있습니다.

하지만 이 영역 역시 영원한 안전지대는 아닙니다. 우리가 지금 사용하는 인공지능이 특정 기능에 특화된 도구에 가깝다면, 앞으로 더 높은 수준의 범용성을 가진 인공지능으로 진화할 경우 이야기는 달라집니다. 지금의 AI가 뛰어난 전문 엔지니어처럼 한 영역에서 압도적 성능을 보여 주는 존재라면, 보다 고도화된 범용 인공지능 / AGI*(Artificial General Intelligence)*은 새로운 문제를 스스로 학습하고, 익숙하지 않은 영역까지 빠르게 확장해 가는 존재가 될 수 있습니다. 그 단계에 가까워질수록 인간의 위치 역시 변화를 피하기 어려워집니다.

그러므로 우리는 여기에서 감정이 아니라 구조로 냉정해져야 합니다. 만약 고도화된 인공지능과 휴머노이드 로봇이 전문 지식과 육체노동을 동시에 대체하기 시작하는 시대가 온다면, 인간은 더 이상 단순한 노동력만으로 생존할 수 없게 됩니다. 지식 역시 완전한 안전

지대가 아닐 수 있습니다. 법률 자문과 의료 분석, 재무 설계와 과학 연구, 고급 엔지니어링 판단 같은 영역까지 점차 알고리즘화된다면, 인간의 경쟁력은 노동이나 지식을 '직접 수행하는 능력'에서 점점 멀어질 것입니다. 대신 그 노동과 지식을 수행하는 시스템을 설계하고, 통제하고, 소유하는 위치로 이동할 가능성이 훨씬 커집니다.

물론 이 미래를 단정적으로 말할 수는 없습니다. 어떤 미래학자들은 제5차 산업혁명을 인간과 기술의 공진화 단계로 설명합니다. 여기서 공진화란 인간과 기술이 서로 영향을 주고받으며 함께 변화하고 발전하는 과정을 뜻합니다. 기술이 인간을 완전히 대체하는 것이 아니라, 인간의 능력을 증폭시키고 확장하는 방향으로 나아간다는 해석입니다. 그러나 동시에 더 급진적인 시나리오도 존재합니다. 고도화된 인공지능이 전문 지식 영역을 광범위하게 자동화할 가능성입니다. 결국 중요한 것은 예언이 아닙니다. 상용화의 시점과 사회적 적용 속도는 여전히 불확실하며, 기술의 도약은 늘 연속적이지 않고 계단식으로 나타나기 때문입니다. 예상보다 늦어질 수도 있고, 생각보다 빠르게 확산될 수도 있습니다. 우리가 해야 할 일은 미래를 맞히는 것이 아니라, 어떤 경우에도 흔들리지 않을 원칙을 세우는 것입니다.

육체노동의 영역 역시 거대한 전환의 중심에 있습니다. 휴머노이드 로봇은 제조업을 넘어 물류와 건설, 돌봄과 서비스 산업까지 확장될 가능성을 품고 있습니다. 인간의 근육을 대신했던 증기기관과 비교할 수 없을 만큼 넓고 깊은 변화가 이루어질 수 있습니다. 그러나 이것 역시 단순한 기술의 문제만은 아닙니다. 노동법과 보험, 사회적 수용성과 세금, 책임 소재와 비용 효율성의 문제가 동시에 풀려야 합니다. 그러므로 대체는 단숨에 일어나기보다 영역별로, 단계적으로, 점진적으로 확산될 가능성이 큽니다. 하지만 방향 자체는 분명합니다. 인간이 직접 수행하던 육체노동의 상당 부분이 점점 자동 시스템 안으로 흡수될 가능성이 커지고 있다는 점입니다.

교통 역시 소유의 시대에서 네트워크의 시대로 이동할 수 있습니다. 자율주행 기술과 로보택시 네트워크가 확산된다면, 개인 차량 소유 구조는 크게 재편될 수 있습니다. 자동차는 더 이상 단순한 소유 자산이 아니라, 네트워크 위에서 호출되고 배치되는 모빌리티 공유 자산으로 바뀔 수 있습니다. 그렇게 되면 자동차 산업 하나만 변하는 것이 아닙니다. 보험과 도시 설계, 부동산 구조, 에너지 수요, 배터리 산업, 반도체 산업까지 연쇄적으로 영향을 받게 됩니다. 로보택시 네트워크를 장악하는 기업은 단순한 운송회사가 아니라 도시 데이터와 이동 패턴을 지배하는 존재가 될 수도 있습니다. 다만 이 변화 역시 규제와 법적 책임, 사고의 책임 구조를 해결해야만 본격적으로 확산될 수 있습니다. 기술이 가능하다는 사실과, 사회가 허용한다는 사실은 언제나 같은 뜻이 아니기 때문입니다.

통신 역시 지상에서 우주로 확장되고 있습니다. 저궤도 위성 네트워크는 전 지구적 연결망을 만들려 하고 있습니다. 이것은 단순히 속도의 문제가 아닙니다. 정보 주권과 데이터 통제, 연결의 지배력으로 이어지는 문제입니다. 연결을 지배하는 기업은 결국 데이터의 흐름을 지배하게 됩니다. 그러나 통신은 국가 안보와 직결되는 영역이기도 하기에, 가장 강한 규제 환경과 가장 복잡한 정치적 긴장 속에서 움직일 수밖에 없습니다.

이 모든 흐름의 심장에는 데이터센터와 연산 인프라가 놓여 있습니다. 인공지능 모델이 정교해질수록 데이터는 폭증하고, 연산 수요는 기하급수적으로 증가합니다. 그리고 연산은 막대한 전력을 요구합니다. 따라서 전력망과 송배전 설비, 에너지 저장 기술, 원전과 재생에너지 확대 같은 문제는 더 이상 배경이 아닙니다. 에너지 인프라는 디지털 혁명의 보조 요소가 아니라, 산업 가속의 제한 조건이자 핵심 기반이 됩니다. 연산을 감당할 수 있는 전력이 없으면 인공지능도, 로봇도, 자율주행도, 클라우드도 더 이상 속도를 낼 수 없습니다. 제5차 산업혁명은 디지털의 시대이면서 동시에 에너지 구조를 새로 짜는 시대일 가능성이 큽니다.

여기에 또 하나의 축이 있습니다. 검색과 클라우드, 인공지능 모델, 데이터센터, 광고, 커머스, 결제, 콘텐츠, 모빌리티 서비스까지 수직적으로 통합하는 기업들입니다. 이런 기업은 단순한 IT 기업이 아닙니다. 디지털 생태계 전체를 설계하고 운영하는 존재에 가깝습니다. 사용자의 데이터 흐름과 소비 흐름, 연산 흐름을 하나의 구조로 묶어 내는 기업은 그 자체로 하나의 질서가 됩니다. 그러나 통합이 깊어질수록 반독점 규제와 데이터 보호 규제 역시 강해질 가능성이 큽니다. 역사적으로 자본의 응축이 극단으로 치달을 때, 규제는 언제나 균형을 회복하는 반작용으로 등장해 왔습니다.

결국 제5차 산업혁명은 고도화된 인공지능과 휴머노이드, 로보택시와 위성 통신, 데이터센터와 에너지 인프라, 플랫폼 통합이 서로를 강화하는 통합 구조의 시대로 전개될 가능성이 큽니다. 기술은 자본을 끌어들이고, 자본은 기술을 확장합니다. 데이터는 축적되고, 네트워크 효과는 강화됩니다. 그러나 이 구조는 직선으로만 움직이지 않습니다. 언제나 과열과 조정, 낙관과 비관, 응축과 흔들림을 반복하며 진화합니다. 구조적 중심에 선 기업이라 하더라도 밸류에이션 과열 구간에서는 조정을 피할 수 없습니다. 그래서 우리는 환상으로 이 시대를 바라볼 것이 아니라, 사이클을 포함한 구조로 읽어야 합니다.

이 지점에서 저는 엄마들에게 분명히 말씀드리고 싶습니다. 앞으로의 시대는 "열심히 일하면 된다."는 표어만으로는 버티기 어려울 가능성이 큽니다. 열심히 일하는 사람은 로봇과 경쟁해야 하고, 많이 아는 사람은 알고리즘과 경쟁해야 합니다. 제5차 산업혁명은 노동소득의 시대가 아니라 자본소득 구조의 시대를 더 빠르게 앞당길 수 있습니다. 우리가 살아남을 수 있는 자리는 고도화된 시스템을 직접 소유하고 관리하는 기업 위에 자본으로 올라가는 자리일 수밖에 없습니다. 그 구조 위에 올라가지 못하면 우리는 시스템의 사용자이자 소비자로 남게 됩니다. 반대로 그 구조 위에 올라가면 우리는 자본 증식의 자동 구조 일부를 소유하게 됩니다.

물론 우리는 그 기업을 직접 경영할 수는 없습니다. 그러나 자본 참여자가 될 수는 있습니다. 구조를 장악한 기업이 장기적으로 자본을 응축할 가능성이 있다면, 우리는 그 과정에 참여할 수 있습니다. 기업 가치의 상승이 주가로 반영될 수도 있고, 일정 단계에 도달한 기업은 현금흐름 일부를 배당 형태로 돌려줄 수도 있습니다. 이것은 확정이 아니라 가능성입니다. 시장은 언제나 변동성을 동반하며, 구조를 가진 기업도 사이클을 통과해야 합니다. 그러나 중요한 것은 예측이 아니라 위치입니다. 우리는 미래를 맞히기 위해 참여하는 것이 아니라, 미래를 만들어 가는 구조 안에 서기 위해 참여하는 것입니다.

그래서 제5차 산업혁명은 기술의 혁명이라기보다 구조의 재편으로 읽어야 합니다. 노동 중심 사회에서 자산 구조 중심 사회로 이동하는 과정, 지식과 노동이 자동화될수록 소유와 통제의 위치가 더 중요해지는 과정으로 보아야 합니다. 지식이 자동화되고, 노동이 기계화되고, 교통이 공용화되고, 통신이 우주로 확장되며, 플랫폼이 통합되고, 에너지가 그 기반을 떠받치는 시대에, 우리는 결국 선택해야 합니다. 밖에서 바라볼 것인지, 아니면 구조를 이해하고 그 안에 참여할 것인지 말입니다.

산업은 멈추지 않습니다. 자본은 이동합니다. 그리고 구조를 이

해한 사람만이 그 이동의 일부가 됩니다. 우리는 두려움이 아니라 인식으로 선택해야 합니다. 완벽한 확신이 아니라 원칙으로 접근해야 합니다. 단기 변동이 아니라 장기 구조를 보아야 합니다. 그렇게 할 때 우리는 시대에 끌려가는 존재가 아니라, 시대를 준비하는 존재가 됩니다.

제6화

미래 산업 진화, 그 지도의 전제

자본 이동 지도, 그 구조를 읽는 방법

우리가 지금 들여다보고 있는 것은 기술의 목록이 아닙니다. 기술 이름을 많이 아는 사람이 이기는 싸움도 아닙니다. 우리가 하려는 일은 단 하나입니다. 앞으로 자본이 어디로 이동할지를 구조로 읽는 일입니다.

앞선 장들에서 우리는 제1차 산업혁명부터 제5차 산업혁명까지의 큰 흐름을 훑어왔습니다. 증기기관에서 전기, 대량생산, 인터넷, 인공지능에 이르기까지, 그 시간은 이해의 시간이었습니다. 기술의 진보가 어떻게 생산성을 끌어올려 왔는지, 그리고 자본은 어떤 구간에서 응축되었는지를 살펴보는 시간이었습니다. 그러나 이번 장은 결이 다릅니다. 이번에는 개념이 아니라 자본의 실제 이동 경로를 들여다보려 합니다. 같은 제4차 산업혁명이라는 말을 다시 꺼내는 이유도 반복을 위해서가 아니라, 현미경을 들이대기 위해서입니다. 기술의 진보를 감상하는 단계가 아니라, 그 진보 위에서 자본이 어디에 먼저 모이고 있는지를 직접 확인하는 단계로 들어서는 것입니다.

그래서 이 장의 전제를 분명히 해야 합니다. 이 지도는 공부를 위한 지도가 아닙니다. 이 지도는 내 자본을 어디에 먼저 올려둘 것인가를 결정하기 위한 지도입니다. 지식을 늘리기 위한 지도가 아니라, 구조 위에 먼저 내 돈을 배치하기 위한 지도입니다. 그리고 이 복잡해 보이는 흐름은 사실 한 문장으로 정리할 수 있습니다.

연산이 늘어날수록 에너지가 필요하고, 에너지가 필요할수록 공간을 넓혀야 한다.

이 문장은 단순한 설명이 아니라 지도입니다. 이 문장을 기준으로 산업을 다시 배열하면 뉴스는 소음이 되고, CAPEX는 신호가 됩니다. 이 문장을 기준으로 기업을 재배치하면 테마는 사라지고, 레이어가 보이기 시작합니다. 연산은 맨 위에서 반짝이는 서비스가 아니라, 맨 아래의 인프라에 닿아 있습니다. 그리고 그 아래에는 언제나 전력과 공간이 놓여 있습니다. 이 장에서는 바로 그 문장을 중심으로 단기와 단중기의 구간을 먼저 펼쳐 보려 합니다. 지금 실제로 돈이 집행되는 구간에서 출발해, 점점 더 긴 시간축으로 확장해 나가기 위한 출발점입니다.

단기

단기란 미래가 아니라 이미 현재가 된 영역입니다. 매출이 존재하고, 고객이 실제로 비용을 지불하며, 설비 투자가 숫자로 집행되는 구간입니다. 여기에는 이야기보다 숫자가 있고, 기대보다 계약이 있습니다. 최근 몇 년 사이 글로벌 빅테크 기업들의 데이터센터 설비 투자는 가파르게 증가했습니다. 인공지능 가속기 GPU는 AI 연산의 중심이 되었고, 마이크로소프트의 Azure, 아마존의 AWS, 구글 클라우드는 인공지능을 실험이 아니라 실제 기업 운영과 서비스의 구조 속으로 밀어 넣고 있습니다. 기업들은 더 이상 "가능할지"를 시험하는 단계에 머물지 않습니다. 이미 적용하고 있고, 그 결과는 수주와 서버 증설, 전력 계약과 신규 데이터센터 착공으로 나타나고 있습니다.

이 변화는 선언이 아니라 재무제표에서 확인됩니다. 주요 빅테크 기업들의 CAPEX는 최근 몇 년 동안 역사적으로 보기 드문 속도로 증가해 왔습니다. 마이크로소프트는 클라우드와 AI 인프라 확장을 위해 수십조 원 단위의 설비 투자를 집행하고 있고, 아마존은 AWS 인프라와 물류를 포함해 막대한 CAPEX를 유지하고 있으며,

구글 역시 데이터센터와 AI 인프라 확장을 위해 대규모 자금을 집행하고 있습니다. 메타 또한 Llama 기반 AI 전략과 초대형 AI 클러스터 구축을 위해 가이던스를 상향했습니다. 이 수치들은 단순한 기술 투자가 아닙니다. 산업 구조의 재배치를 의미합니다. AI 인프라는 더 이상 연구실의 가능성이 아니라, 이미 수십조 원 규모의 설비 산업이 되었습니다.

여기서 중요한 질문이 하나 생깁니다. 그렇다면 지금 실제로 자본을 집행하고 있는 기업은 누구인가? 현재 글로벌 시가총액 상위 기업들 가운데 데이터센터 CAPEX를 공격적으로 확대하고 있는 기업군은 꽤 분명합니다. 마이크로소프트는 Azure AI 확장을 위해 초대형 GPU 클러스터를 구축하고 있고, 아마존은 AWS 중심으로 AI 인프라 증설과 자체 칩 전략을 병행하고 있습니다. 구글은 Google Cloud와 자체 TPU 확장을 동시에 밀고 나가고 있으며, 메타는 초대형 AI 클러스터와 GPU 확보 경쟁에 직접 뛰어들었습니다. 애플은 상대적으로 데이터센터 노출은 낮지만, 온디바이스 AI와 자체 칩 설계라는 다른 축에서 접근하고 있습니다. 그리고 엔비디아는 이 전체 CAPEX 확장의 직접적인 수혜 중심에 서 있습니다. 이 기업들의 공통점은 단순히 AI를 연구하는 것이 아니라, 실제 설비 투자 증가가 숫자로 확인되고 있다는 점입니다. 자본의 흐름을 읽으려면 뉴스보다 CAPEX 증가율을, 슬로건보다 장기 전력 계약을, 구호보다 데이터센터 착공 발표를 보아야 합니다. 자본은 기사보다 먼저 계약서에

기업	최근 CAPEX	해석
Amazon	약 965억 달러	AWS와 데이터센터에 가장 공격적
Alphabet	914억 달러	구글 클라우드·AI 인프라 확대
Meta	722억 달러	AI 데이터센터 확장 집중
Microsoft	646억 달러	Azure·AI 컴퓨트 인프라 확대
Oracle	212억 달러	클라우드 데이터센터 공격적 확장
Tesla	85.3억 달러	아직은 공장 비중도 크지만, AI 컴퓨트·데이터센터 투자 확대를 공식화한 기업

찍히고, 뉴스보다 먼저 전력망에 연결됩니다.

최근 공식 공시를 보면 데이터센터·AI 인프라 CAPEX의 중심은 아마존, 구글, 메타, 마이크로소프트 같은 초대형 클라우드 기업들을 확인할 수 있습니다. 이는 AI가 더 이상 아이디어 경쟁이 아니라, 전력·서버·데이터센터를 먼저 깔아두는 설비 산업으로 진입했음을 보여줍니다.

데이터센터의 핵심 기업군 역시 점점 명확해지고 있습니다. 하이퍼스케일러(초대형 데이터센터로 인터넷과 인공지능을 운영하는 거대 기술 기업)는 마이크로소프트와 아마존, 구글, 메타입니다. 전문 운영사는 에퀴닉스와 디지털 리얼티 같은 기업들입니다. 반도체와 가속기의 중심에는 엔비디아가 있고, 네트워크와 스위치 영역에서는 브로드컴과 마벨 같

은 기업들이 핵심 축을 형성하고 있습니다. 그러나 AI 데이터센터의 병목은 단순히 서버 수량의 문제가 아닙니다. 발열과 냉각, 전력 사용량이 동시에 문제로 올라옵니다. GPU 밀도가 높아질수록 열은 기하급수적으로 증가하고, 그래서 수냉식 냉각과 침지 냉각 기술이 빠르게 도입되고 있습니다. 전력 효율 지표는 이제 단순한 운영 수치가 아니라 기업 경쟁력의 일부가 되었습니다. 데이터센터는 더 이상 서버를 쌓아 두는 공간이 아니라, 열을 통제하는 공학의 공간으로 바뀌고 있습니다.

여기에 또 하나의 구조적 전환이 있습니다. 데이터 이동입니다. 기존의 구리 기반 인터커넥트로*(컴퓨터와 서버를 서로 연결하는 초고속 데이터 연결 기술)*는 AI 클러스터가 요구하는 대용량 전송을 감당하기 어려워지고 있습니다. 그래서 전기 신호에서 광 신호로의 전환이 가속화되고 있습니다. 브로드컴과 마벨은 이미 고속 광 모듈과 스위치 솔루션을 공급하고 있고, 셀레스티얼 AI 같은 기업은 광 기반 구조를 확장하려 하며, POET Technologies와 같은 기업도 광 엔진 통합 설계를 통해 전력 효율을 개선하려는 시도를 이어가고 있습니다. 아직 모든 기업이 완전히 성숙한 상용화 단계에 들어선 것은 아니더라도 방향성만큼은 분명합니다. 연산이 커질수록 광 전환은 선택이 아니라 필연에 가까워집니다.

그러나 결국 이 모든 연산은 전력을 요구합니다. 그래서 최근 글로벌 투자 시장에서는 "AI 전력 인프라"가 하나의 독립된 투자 축으로 부상하고 있습니다. 발전 기업과 전력망 구축 기업, 송배전 장비 기업, 에너지 저장 시스템 기업, 태양광과 원전 및 차세대 SMR *(Small Modular Reactor / 소형 모듈식 원자로)* 산업까지 모두 다시 지도의 중심으로 들어오고 있습니다. AI 연산이 폭발적으로 증가할수록 전력망과 에너지 인프라는 단순한 보조 산업이 아니라 AI 인프라의 필수 기반으로 올라옵니다. 재생에너지는 중요하지만 간헐성이 있고, ESS*(Energy Storage System / 에너지 저장 시스템)*는 그 공백을 메우는 핵심 인프라가 됩니다. 동시에 데이터센터는 24시간 멈추지 않는 기저전원을 요구하기 때문에, 원자력과 소형모듈원전 같은 영역도 다시 전략 산업으로 호출되고 있습니다. **연산이 멈추지 않으려면, 전력도 멈추지 않아야 하기 때문입니다.**

물론 우리는 반드시 기억해야 합니다. 과열은 언제나 발생합니다. 밸류에이션이 앞서가고, 금리가 흔들리면 단기 구간은 조정을 겪게 됩니다. 그래서 대응 원칙은 단순해야 합니다. 시간 분산, 산업 분산, 그리고 생활 자금과 투자 자금의 분리입니다. 원칙이 있을 때 변동성은 공포가 아니라 조정 구간이 됩니다. 단기는 이미 돈이 돌고 있는 영역이지만, 동시에 변동성이 가장 먼저 드러나는 구간이기도 합니다.

단중기

이제 단중기로 시선을 옮겨 보겠습니다. 단중기는 기술이 실험

단계를 넘어 사회 구조 속으로 스며드는 구간입니다. 이 구간에서는 매출이 서서히 확대되고, 인허가와 규제가 따라오며, 산업의 수용성이 검증됩니다. 아직 완전히 안정된 시장은 아니지만, 구조는 이미 문 앞까지 와 있는 상태입니다. 자율주행과 로보택시는 기술 경쟁만으로 결정되지 않습니다. 규제 승인과 사고 데이터, 보험과 책임 구조가 시장을 엽니다. 휴머노이드 로봇 역시 시연과 화제성만으로 확산되지 않습니다. 비용 구조와 안전 체계, 사회적 수용성이 갖추어져야 합니다. 드론 배송은 기술보다 도시 규제와 사회적 허용성이 더 큰 열쇠가 될 수 있습니다. 저궤도 위성 네트워크는 기술보다 실제 사용자 계약과 서비스 지속성이 중요해집니다.

데이터센터 전력망 역시 단중기의 핵심 변수입니다. 앞으로의 병목은 단순히 발전량의 문제가 아니라 송배전 인프라일 가능성이 큽니다. 신규 데이터센터 인허가가 지역 전력망 부족으로 지연되는 사례는 이미 나타나고 있습니다. 그리드*(Grid/전기를 생산하고 전달하는 전력망)*를 넓히고 연결하는 데는 시간과 자본이 필요합니다. 그래서 이 영역은 아직 완전히 매출이 안정화된 구간은 아니지만, 분명히 산업 구조가 현실화되기 직전의 문턱에 서 있습니다. 기술은 준비되었고, 제도와 사회가 그 뒤를 따라오는 시간을 기다리는 구간인 셈입니다.

그렇다면 왜 우리는 이 지도를 읽어야 할까요. 우리는 기술을 예측하려는 것이 아닙니다. 자본이 응축되는 기반을 읽으려는 것입니다. 자본은 연구실이 아니라 재무제표에서 먼저 움직입니다. 뉴스가 아니라 CAPEX 증가율에서 먼저 드러납니다. 광고가 아니라 전력 계약에서 먼저 확인됩니다. 돈은 언제나 기반에서 먼저 응축되고, 그 위에서 확산됩니다. 이 지도를 읽지 못하면 우리는 기술의 소비자로 남습니다. 이 지도를 읽기 시작하는 순간 우리는 기술의 주주가 됩니다.

그리고 이 지도는 여기서 멈추지 않습니다. 다음 장에서는 중기와 중장기, 장기, 그리고 초장기로 확장될 것입니다. 지상에서 우주로, 데이터센터에서 태양광과 우주 인프라로, 연산의 공간이 더 넓어지는 구간까지 이어질 것입니다. 기반을 읽는 사람은 흔들림 속에서도 방향을 잃지 않습니다. 그리고 기반을 먼저 읽는 사람이, 결국 다음 방향을 먼저 준비하게 됩니다.

부자 엄마를 위한 미래 산업 기업 지도_(단기 & 단중기)

● AI 공장을 직접 짓고 돌리는 회사들

"큰 건물을 짓고, 전기를 끌어오고, 서버를 채우는 회사"

이 회사들은 AI를 말만 하는 회사가 아닙니다. 실제로 데이터센터를 짓고, 서버를 깔고, 돈을 집행하는 회사들입니다.

★ 마이크로소프트(Microsoft)

기업들이 AI를 실제 업무에 쓰도록 돕는 대표 회사입니다. 회사들이 AI를 빌려 쓰는 디지털 빌딩 주인입니다.

★ 아마존(Amazon)

쇼핑 회사 같지만, 실제로는 AWS라는 거대한 클라우드 공장을 운영합니다. 인터넷 세상의 초대형 창고와 전산센터를 가진 회사입니다.

★ 구글(Alphabet / Google)

검색 회사가 아니라, AI·데이터·클라우드를 함께 굴리는 초대형 정보 공장입니다. 세상의 정보를 모아 계산하는 거대한 두뇌 센터입니다.

★ 메타(Meta)

페이스북, 인스타그램으로 유명하지만, 이제는 AI 모델과 데이터센터를 키우는 회사입니다. 사람들의 시간을 모아 AI를 훈련시키는 플랫폼 회사입니다.

★ 오라클(Oracle)

원래는 대기업 전산과 데이터 관리에 강한 회사였고, 지금은 클라우드·데이터센터 확장에 힘을 주고 있습니다. 대기업들의 중요한 자료를 맡아 관리하는 전산실 운영자입니다.

★ 테슬라(Tesla)

아직은 공장 비중이 크지만, AI 컴퓨트와 데이터센터 투자 확대도 공식화한 기업입니다. 전기 자동차 회사에서 AI·에너지·로봇 회사로 몸집을 바꾸고 있는 회사입니다.

● AI의 두뇌를 만드는 회사

"서버 안에 들어가는 가장 중요한 심장"

AI 공장이 아무리 커도, 실제 계산을 해 주는 두뇌가 없으면 돌아가지 않습니다.

★ 엔비디아(NVIDIA)

AI 시대의 핵심 칩인 GPU를 만드는 대표 기업입니다. AI의 뇌를 만들어 파는 회사입니다. 지금 6화에서 가장 중요한 중심축 중 하나입니다.

★ 애플(Apple)

데이터센터를 크게 짓는 회사는 아니지만, 자체 칩과 온디바이스 AI라는 다른 길을 갑니다. 거대한 서버 공장보다 내 손안 기기 속 AI를 키우는 회사입니다.

● 데이터센터 건물주

"서버가 실제로 들어가서 돌아가는 공간을 가진 회사"

AI는 칩만으로 돌아가지 않습니다. 그 칩들이 들어가서 실제로 작동할 공간이 있어야 합니다.

★ 에퀴닉스(Equinix)

데이터센터를 전문적으로 운영하는 대표 기업입니다. 인터넷 시대의 건물주입니다.

★ 디지털 리얼티(Digital Realty)

역시 데이터센터를 전문적으로 운영하는 기업입니다. 디지털 시대의 초대형 임대빌딩 운영자입니다.

이 두 회사는 AI를 직접 만들지는 않지만, AI가 실제로 돌아갈 공간을 가진 회사들이라고 이해하시면 됩니다.

● AI 공장 안의 배선과 연결을 맡는 회사

"데이터가 막히지 않게 길을 깔아 주는 회사"

AI 시대에는 계산만 중요한 것이 아닙니다. 그 계산 결과를 빠르게 주고받는 연결성도 아주 중요합니다.

★ 브로드컴(Broadcom)

네트워크, 스위치, 데이터 이동을 가능하게 하는 핵심 부품을 공급합니다. AI 공장 안의 고속도로와 배선을 깔아 주는 회사입니다.

★ 마벨(Marvell)

데이터센터와 고속 네트워크 연결에 필요한 기술을 공급합니다. AI 공장 안에서 정보가 막히지 않도록 길을 넓혀 주는 회사입니다.

★ 셀레스티얼 AI(Celestial AI)

전기 신호 대신 광 신호를 활용해 더 빠르고 효율적인 연결 구조
를 만들려는 이름입니다. 구리선 대신 빛의 길을 깔아 주려는 흐름
의 상징입니다.

★ POET Technologies

광 엔진 통합 설계를 통해 전력 효율을 높이려는 기업입니다. AI
공장이 덜 뜨겁고 덜 힘들게 돌아가도록 연결 방식을 바꾸려는 회사
입니다.

제7화
구조가 뒤집히는 시간

평면을 넓히는 구조에서 차원을 위로 추가하는 도전

6화에서 우리는 기반을 보았습니다. 전력과 데이터센터, 설비 투자와 병목, 그리고 평면 위를 달리는 자율주행 트럭과 자동화 물류 시스템이 어떻게 산업의 비용 구조를 눌러 내리고 있는지를 확인했습니다. 그것은 산업이 두꺼워지는 시간이었습니다. 연산이 강해지고, 전력이 확보되며, 데이터센터가 증설되고, 자본이 인프라 위로 응축되는 시간이었습니다. 그러나 산업은 기반이 충분히 두꺼워지는 순간, 같은 방식으로만 확장하지 않습니다. 어느 시점에 이르면 속도를 높이는 대신 방향을 바꾸고, 평면을 넓히는 대신 차원을 하나 더 올려 버립니다. 이 장의 이야기는 바로 그 전환에 대한 이야기입니다. 구조가 성장하는 시간이 아니라, 구조가 뒤집히는 시간에 대한 이야기입니다.

6화가 자본이 어디에 먼저 쌓이는가를 보여 주는 설비의 지도였다면, 7화는 쌓인 기반이 세상을 어떤 형태로 바꾸는가를 보여 주는 생활의 지도입니다. 기술은 늘 가능의 언어로 먼저 등장하지만, 산업은 비용의 언어로 움직이고, 문명은 공간과 시간의 언어로 재배치됩니다. 그리고 그 재배치가 시작되는 순간, 사람들은 어느 날 갑자기 세상이 달라진 것처럼 느끼게 됩니다. 그러나 그것은 갑작스러운 변화가 아닙니다. 오랫동안 쌓여 온 기반이 마침내 임계점을 넘은 결과일 뿐입니다.

여기서 말하는 임계점은 막연한 수치가 아닙니다. 데이터센터 전력 사용량만 보아도 이미 세계 전력 지형 안에서 무시할 수 없는 수준으로 올라와 있고, 인공지능이 본격적으로 붙는 순간 그 곡선은 더 가파르게 변합니다. 숫자는 늘 조용히 쌓이다가 어느 순간 구조를 바꿉니다. 우리는 지금 그 숫자들이 모여 문명의 방향을 돌리는 구간 위에 서 있습니다. 그래서 기반이 쌓인다는 말은 단순히 설비가 늘어난다는 뜻이 아닙니다. 그것은 연산이 일상 속으로 침투했다는 뜻이고, 비용 구조가 바뀌었다는 뜻이며, 더 이상 예전 방식으로는 충분한 효율을 낼 수 없다는 신호이기도 합니다.

연산이 늘어나면 전력이 필요하고, 전력이 필요하면 공간이 필요하며, 공간이 필요하면 구조가 바뀝니다. 6화가 '연산 → 전력 → 설비 → Capex'의 흐름이었다면, 7화는 'Capex → 기반의 두꺼워짐 → 임계점 → 공간 재배치'의 흐름입니다. 이 연결을 놓치면 7화는 그저 흥미로운 기술 이야기처럼 보일 수 있습니다. 그러나 이 연결을 붙잡는 순간, 7화는 문명의 방향 전환을 읽는 장이 됩니다. 그리고 바로 여기에서 자본은 한 번 더 이동합니다. 기반 위에 쌓인 설비는 어느 순간 새로운 표준을 요구합니다. 표준이 형성되는 순간 자본은 제품이 아니라 시스템을 설계하는 쪽으로 응축됩니다. 구조가 뒤집히는 시간은 곧 승자가 바뀌는 시간이기도 합니다.

중기 - 공간의 전환

먼저 중기를 보겠습니다. 우리가 말하는 중기는 대략 5년에서 10년 사이의 시간입니다. 이 구간은 기술이 실험 단계를 지나 상용화의 문턱에 서는 시기이며, 그 핵심은 공간의 전환입니다.

우리는 너무 오랫동안 2차원 위에서 살아왔습니다. 도로는 평면 위에 깔려 있고, 이동은 좌우와 앞뒤로만 이루어졌습니다. 건물은 점점 더 높아졌지만 이동의 방식은 거의 달라지지 않았습니다. 100층, 150층, 200층에 이르는 고층 빌딩이 등장하고 도시의 밀도는 점점 더 높아졌는데도, 출퇴근은 여전히 평면 위에서 같은 시간에 같은 방향으로 몰려 이루어집니다. 이 구조는 본질적으로 병목을 내포합니다.

이것은 단순한 불편의 문제가 아닙니다. 도시 교통 혼잡이 만들어 내는 생산성 손실은 막대한 비용으로 환산되고, 기업의 입장에서는 그것이 곧 영업이익률의 문제로 이어집니다. 물류 지연은 재고 비용을 키우고, 출퇴근 병목은 노동 시간을 갉아먹습니다. 도시는 더 비싸지는데 효율은 더 오르지 않습니다. 그러므로 이 전환은 낭만이 아니라 비용 압력입니다. 도로는 이미 가득 차 있는데, 하늘은 아직 비어 있습니다. 이 단순한 사실 하나가 도심항공모빌리티와 드론 물류를 선택이 아니라 구조적 필연으로 만듭니다.

그러나 여기에는 반드시 넘어야 할 문턱이 있습니다. 도심항공모빌리티는 단순히 기체를 만드는 것으로 끝나지 않습니다. 각 도시의 버티포트 승인, 저고도 항공로 규칙, 인증과 안전 데이터 축적이 함께 이루어져야 합니다. 이 승인 구조가 마무리되는 순간 상용화는 단번에 가속될 수 있습니다. 따라서 이 구간의 핵심은 기체가 얼마나 멋지게 생겼는가가 아니라, 도시가 그것을 하나의 교통 레이어로 허용하느냐입니다. 허용이 표준이 되는 순간, UAM*(Urban Air Mobility/도심 항공 모빌리티)*은 시범이 아니라 생활의 한 층위가 됩니다.

이 지점에서 더 큰 힘을 발휘하게 되는 것은 단순한 기체나 하드웨어만이 아닙니다. 2차원 위에서 분절되어 있던 도로와 물류, 관제와 에너지, 사람의 동선과 도시의 규칙이 3차원으로 확장되는 순간, 가장 중요한 것은 이 복잡한 연결을 하나의 의미 체계 안에서 실시간으로 해석하고 최적화할 수 있는 능력입니다. 바로 여기서 온톨로지 기반 인공지능의 가치가 커집니다. 단순히 데이터를 많이 모으는 것이 아니라, 각각의 객체와 관계, 사건과 흐름을 존재론적으로 연결하여 무엇이 무엇과 어떤 맥락으로 이어져 있는지를 구조적으로 읽어내는 방식 말입니다. 팔란티어가 보여 주는 온톨로지 기술의 핵심도 바로 여기에 있습니다. 하늘길과 지상길, 물류와 관제, 위험과 우선순위, 시간과 비용, 에너지와 연산이 동시에 얽히는 시대에는 개별 시스템의 성능보다 전체 시스템을 얼마나 유기적으로 연결해 최적 효율을 끌어낼 수 있는가가 더 중요해지기 때문입니다. 결국 3차원으로 확장되는 사회는 더 많은 기계를 필요로 할 뿐 아니라, 그 기계들과 도시와 사람의 관계를 하나의 살아 있는 지도로 읽고 조율하는 존재론적 운영 체계를 요구하게 됩니다. 그런 의미에서 온톨로지 기술은 먼 중장기의 환상이 아니라, 단중기와 중기의 경계에서 현실 시스템을 실제로 연결하고 운영 효율을 끌어올리는 핵심 언어가 될 가능성이 큽니다.

여기서 한 걸음 더 나아가면 하늘은 단순한 이동 통로가 아니라 떠 있는 물류 허브로도 재해석되기 시작합니다. 도심 외곽의 대형 물류센터에서 픽업트럭이 아파트 단지까지 들어오는 기존 구조 대신 거대한 항공 물류 비행체가 도시 상공의 특정 구역에 머무는 장면을 상상할 수 있습니다. 일종의 공중 물류 창고입니다. 그 안에는 이미 분류된 수천 개의 패키지가 실려 있고, 그곳에서 수직 이착륙 드론이 끊임없이 오르내리며 라스트마일 배송을 수행합니다. 도시 상공에 떠 있는 허브에서 각 동과 각 구역으로 바로 내려오는 물류 구조. 기존의 20분, 1시간, 혹은 반나절 걸리던 배송 시간이 '분 단위'로 줄어드는 상상입니다.

이 변화는 단순히 배송이 빨라진다는 뜻이 아닙니다. 도시 상공이라는 비어 있던 공간이 운영되는 물류 레이어로 전환된다는 뜻입니다. 하늘은 더 이상 빈 여백이 아니라, 비용을 줄이고 시간을 압축하는 산업 인프라가 됩니다. 그 순간부터 도시는 다시 쓰입니다. 땅 위에만 그려진 평면도가 아니라, 공중까지 포함한 3차원의 문서가 됩니다. 지하 역시 또 하나의 층위입니다. 초고속 이동을 위한 진공 튜브 구조, 지하의 다중 레이어 분산 이동망, 지상 포화를 해소하기 위한 또 다른 좌표계가 열리기 시작합니다. 중기는 결국 이동이 빨라지는 시간이 아니라, 이동의 좌표 자체가 다시 정의되는 시간입니다. 2차원의 포화가 3차원의 확장으로 넘어가는 구간입니다.

그리고 여기서 중요한 것은 언제나 기체나 차량 그 자체가 아니라 표준입니다. 누가 관제를 쥐는가, 누가 데이터를 축적하는가, 누가 리스크 모델을 설계하는가? 결국 하늘길도 지하길도 '움직이는 기계'보다 '움직임을 허락하는 시스템'이 중심이 됩니다. 표준이 생기면 산업이 생기고, 산업이 생기면 자본은 그 표준의 소유자에게 먼저 응축됩니다.

중장기 - 생명의 확률이 재설정되는 시간

이제 중장기로 넘어가겠습니다. 중장기는 대략 10년에서 20년을 보는 구간이며, 그 핵심은 생명의 확률이 다시 쓰이는 시간입니다.

한때 인간 게놈을 읽는 일은 막대한 비용과 긴 시간을 필요로 하는 거의 상징적인 프로젝트였습니다. 그러나 비용이 떨어지면 참여자가 늘고, 참여자가 늘면 데이터가 폭발적으로 쌓입니다. 데이터가 쌓이면 질병은 더 이상 어느 날 갑자기 닥치는 사건으로만 남지 않습니다. 점점 더 확률 관리의 영역으로 이동합니다. "어느 날 아프다."가 아니라 "어떤 확률로 그 길로 갈 수 있다."는 식으로 언어가 바뀌기 시작합니다. 그리고 확률이 언어가 되는 순간, 의료는 치료만이 아니라 설계의 문제로 바뀝니다.

여기서 중요한 것은 기술의 이름이 아니라, 그 기술이 실제 제도와 의료 현장 안으로 들어오고 있는가입니다. 기술이 연구실 안에 있을 때 그것은 아직 테마입니다. 그러나 그것이 실제 치료와 승인, 보험과 임상, 제도와 연결되는 순간 테마는 구조가 됩니다. 유전자 편집 기술이 실제 치료제 상용화의 문턱을 넘기 시작하는 순간, 우리는 더 이상 기술 자체를 감상할 수 없습니다. 그때부터는 구조의 언어로 바라보아야 합니다.

이 구조가 본격적으로 움직이기 시작하면 의료 산업 하나만 바꾸는 것이 아닙니다. 보험의 구조가 바뀌고, 기업의 비용 구조가 달라지며, 노동 연령과 연금 구조까지 영향을 받게 됩니다. 생명의 확률이 다시 계산된다는 것은 곧 사회의 룰이 천천히 다시 작성된다는 뜻입니다. 의료의 변화는 병원 안에서만 끝나지 않습니다. 그것은 국가 재정과 보험, 가족의 시간과 노동의 지속 가능성까지 건드리는 긴 파동으로 이어집니다.

물론 이 변화는 빠른 테마처럼 움직이지 않습니다. 바이오는 본질적으로 시간이 오래 걸리고, 승인 이후에도 장기 안전성 검증과 사회적 합의가 필요합니다. 그러나 비용 하락에서 참여 증가로, 참여 증가에서 데이터 축적으로, 데이터 축적에서 모델 정교화로, 그리고 다시 추가 비용 하락으로 이어지는 피드백 루프가 한 번 돌기 시작하면, 그 흐름은 쉽게 되돌리기 어렵습니다. 느리지만 강한 흐름입니다.

그리고 여기서도 자본은 단순히 기술을 가진 곳으로만 가지 않습니다. 더 많은 환자 데이터를 축적하고, 그 데이터를 더 긴 시간에 걸쳐 추적하며, 그것을 제도와 보험, 의료 시스템과 연결해 낼 수 있는 구조 위로 자본이 응축됩니다. 결국 의료의 승부는 더 뛰어난 실험 하나에서 끝나지 않습니다. 더 많은 데이터를 더 넓은 제도와 연결해 내는 쪽이 구조를 쥐게 됩니다.

중기는 공간이 입체로 전환되는 시간이라면, 중장기는 생명의 확률이 다시 설계되는 시간입니다. 그리고 그 뒤에는 제도와 사회 구조의 재편이라는 더 긴 파동이 기다리고 있습니다.

지금 우리는 또 하나의 응축 초입에 서 있습니다. 기술은 이미 움직이고 있습니다. 자본은 이미 배치되고 있습니다. 남아 있는 것은 우리의 위치입니다. 우리는 타임머신을 타고 과거로 돌아갈 수는 없습니다. 그러나 같은 원리가 반복되는 현재 위에 서 있습니다. 이번에는 관객이 아니라 참여자가 될 수 있습니다.

투자는 추측이 아니라 방향입니다.

그리고 방향은 감정이 아니라 구조에서 나옵니다.

모든 기반이 임계점을 넘는 순간, 세상은 더 이상 '가능'의 얼굴이 아니라 '필연'의 얼굴로 우리 앞에 다가옵니다.

부자 엄마를 위한 미래 산업 기업 지도(중기 & 중장기)

● 하늘길을 여는 회사들

"UAM, 드론, 버티포트, 관제 관련 축"

이 산업은 막힌 땅 위의 길을 넘어, 하늘과 지하까지 이동의 층을 넓히려는 회사들입니다.

★ Joby Aviation(드론 택시)

사람을 태우고 도심 하늘을 오가는 에어택시를 만들려는 회사 "하늘을 나는 택시 회사"입니다.

★ Amazon Prime Air / Zipline(드론 물류)

사람을 태우는 것보다 먼저, 드론으로 물건을 수직으로 빠르게 보내는 기업. "하늘을 택배길로 바꾸려는 회사들"입니다.

● 도시 산업 전체를 연결해 효율을 높이는 인공지능 회사

온톨로지 기반 운영체계로 기계를 많이 만드는 회사가 아닙니다.

오히려 기계와 공장, 도시, 플랫폼, 사람 물류, 에너지와 위험, 시간
과 비용을 한꺼번에 그리고 모든 존재론적 모든 것들을 분석하고 연
결 조율하는 회사 읽고 조율하는 회사입니다.

★ Palantir(팔란티어)

흩어진 데이터를 연결해, 무엇이 무엇과 이어져 있는지를 실시
간으로 보이게 만드는 회사. 복잡한 도시 전체를 하나의 살아 있는
운영 지도처럼 보여 주는 회사"입니다.

● 생명의 확률을 다시 쓰는 회사들

"유전자 편집, 정밀의료, 의료 데이터 축"

이 산업 영역은 "병이 생긴 뒤 치료하는 회사"를 넘어서, 병의 가
능성을 더 일찍 해석하고, 더 정밀하게 바꾸고, 더 오래 추적하려는
회사들입니다.

★ CRISPR Therapeutics

유전자 편집 기술을 바탕으로 질병을 교정하려는 대표 이름. "병
이 난 뒤 버티는 것이 아니라, 병의 뿌리를 손보려는 회사"입니다.

★ Tempus AI

정밀의료 기술로, 환자의 데이터와 인공지능을 연결해 더 정밀한 치료 판단을 돕는 회사. "같은 병도 사람마다 다르게 읽어 치료하려는 회사"입니다.

★ Illumina 같은 유전체 데이터 관련 축

의료 데이터 해석, 유전자와 생명 데이터를 읽는 기반을 제공하는 회사. "생명의 정보를 읽어내는 기초 도구를 만드는 회사"입니다.

제8화
문명이 규칙을 갈아엎는 시간

지구와 우주를 연결하는 연산 네트워크로의 진화

이제 우리는 시선을 조금 더 멀리 두려 합니다. 지금까지는 산업이 어떻게 변하는지를 살펴보았다면, 이제는 문명이 어디로 이동하고 있는지를 보려 합니다. 이 장에서 다루는 시간은 단순한 기술의 확장이 아닙니다. 장기와 초장기의 미래를 들여다보려 합니다. 기술이 더 편리한 도구가 되는 수준을 넘어, 인간 사회의 구조 자체가 다시 배치되는 시간입니다.

달 인프라 구축은 이제 공상과학 소설의 장면으로만 남아 있지 않습니다. 여러 기관과 기업들은 달의 토양, 즉 레골리스를 활용한 건설 기술을 실제로 시험하고 있습니다. ICON 같은 기업이 보여 주는 3D 프린팅 실험은 그 상징적인 예입니다. 왜냐하면 달에 집을 짓기 위해 지구에서 시멘트와 철근을 실어 나르는 방식은 경제적으로도, 물리적으로도 오래 지속될 수 없기 때문입니다. 결국 그 자리에서 재료를 사용하고, 그 자리에서 구조물을 만들어야 합니다. 이 순간 3D 프린팅은 단순한 제조 기술이 아니라 생존 방식이 됩니다. 달에서 살아가기 위해서는 그 자리에서 집을 만들고, 장비를 만들고, 필요한 모든 구조를 바로 생산해야 하기 때문입니다. 이 변화는 건축 기술의 발전으로만 보면 안 됩니다. 설계와 연산, 전력과 에너지, 그리고 그 모든 시스템을 누가 통제하는가의 문제로 이어집니다.

그래서 이 장에서 우리가 보려는 것은 어떤 기술이 새로 등장하느냐가 아닙니다. 문명의 중심이 어디로 이동하느냐입니다. 그리고 그 문명의 중심에는 언제나 연산이 놓여 있습니다. 연산은 단순한 계산 능력이 아닙니다. 연산은 문명의 신경망입니다. 에너지는 그 신경망을 흐르는 혈류이고, 데이터는 문명이 느끼는 감각이며, 연산은 그 감각을 해석하는 판단입니다. 피가 멈추면 몸이 멈추듯, 에너지가 흐르지 않으면 연산은 멈춥니다. 그래서 연산 중심의 문명은 결국 에너지 중심의 문명으로 이동할 수밖에 없습니다.

하지만 문명은 여기서 다시 한 번 거대한 벽과 마주합니다. 기술이 발전할수록 모든 것이 무한히 확장될 것처럼 보이지만, 현실은 오히려 반대의 얼굴을 보여 줍니다. 전력을 아무리 생산해도 송전망은 따라오지 못하고, 데이터센터를 아무리 늘려도 냉각이 병목이 되며, AI 모델을 아무리 키워도 학습 비용은 기하급수적으로 폭증합니다. 문명이 커질수록 계산은 정교해지지만, 동시에 더 깊은 제약도 드러납니다.

그리고 더 근본적인 문제가 하나 있습니다. 우리가 세상을 계산하는 방식 자체가 아직 선형적 사고에 많이 묶여 있다는 점입니다. 우리는 대개 원인에서 결과로 이어지는 순차적 구조로 생각하고 연산합니다. 그러나 자연은 그렇게 움직이지 않습니다. 자연은 훨씬 더 복잡하고, 동시에 훨씬 더 무작위적이며, 서로 얽혀 있는 변수가 너무 많습니다. 바로 이 지점에서 양자컴퓨팅이 등장합니다.

양자컴퓨터는 단순히 더 빠른 컴퓨터가 아닙니다. 세상을 계산하는 방식 자체를 바꾸려는 시도에 가깝습니다. 지금의 컴퓨터가 미로 속에서 길을 하나씩 찾아가는 방식이리면, 양자컴퓨터는 미로 전체를 동시에 내려다보는 방식에 더 가깝습니다. 그래서 양자컴퓨팅이 열어젖히는 가능성은 단순한 속도 향상이 아닙니다. 지금까지 계산할 수 없었던 영역 자체를 계산 가능하게 만드는 변화입니다. 그리고 이 지점에서 우리는 구체적인 기업의 이름을 떠올릴 수 있습니다. 구글은 초전도 방식 양자컴퓨팅의 대표적인 축을 보여 주는 기업입니다. 극저온 환경에서 양자 상태를 안정적으로 유지하며 대규모 오류 보정 계산으로 나아가려는 길을 상징합니다. 반면 아이온큐는 이온 트랩 방식을 대표하는 이름입니다. 전하를 띤 이온을 정밀하게 제어하면서 계산의 정확도와 상용 접근성을 밀어 올리려는 다른 길을 보여 줍니다. 서로 다른 두 길이지만 목표는 같습니다. 지금까지 계산할 수 없었던 자연과 물질, 생명과 최적화의 문제를 새로운 계산 언어로 풀어내려는 시도라는 점입니다.

물론 양자컴퓨터 역시 아직 풀어야 할 장벽을 안고 있습니다. 오류 보정과 큐비트 확장 같은 기술적 난제가 남아 있기 때문입니다. 그럼에도 이 장벽을 넘는 순간 계산의 세계는 지금과는 전혀 다른 지평으로 열릴 가능성이 큽니다. 그리고 이 계산의 변화는 이미 의료와 생명공학에서도 새로운 가능성을 열고 있습니다. 예를 들어 크리스퍼 테라퓨틱스라는 이름은 단순한 바이오 기업 하나의 이름이 아니라, 유전자 편집 기술이 연구실의 약속을 넘어 실제 치료의 문턱으로 나아가는 흐름을 상징합니다. 유전자 편집 기술과 고성능 연산, 그리고 훗날 더 성숙한 계산 체계가 결합되는 순간, 신약 개발의 속도와 생명 이해의 깊이는 지금과 비교할 수 없을 만큼 달라질 수 있습니다. 이것은 단지 하나의 산업 변화가 아닙니다. 인간이 생명을 이해하는 속도 자체가 바뀌는 순간입니다.

장기는 기술이 널리 쓰이는 시간이 아닙니다. 사회 전체의 규칙이 바뀌는 시간입니다. 노동의 의미가 바뀌고, 의료의 의미가 바뀌고, 도시의 구조가 바뀌는 시간입니다. 그리고 이 시기에 가장 중요한 변화 중 하나는, 우주가 실험실의 배경에서 경제 공간으로 이동하기 시작한다는 점입니다.

AI 시대의 가장 큰 병목은 결국 전력과 냉각입니다. 지상의 데이터센터는 늘 같은 문제를 안고 있습니다. 땅이 필요하고, 전력망이 필요하며, 막대한 냉각 비용이 필요합니다. 서버는 전기를 먹는 순간 열을 내고, 그 열을 식히기 위해 또다시 전기를 써야 합니다. 그래서 데이터센터 산업은 결국 열과 싸우는 산업이기도 합니다. 그런데 여기에서 더 중요한 사실이 있습니다. 이 모든 산업의 중심에는 결국 하나의 공통 기반이 있다는 점입니다. 바로 전력입니다. 인공지능도 데이터센터도 양자컴퓨팅도 우주 인프라도 모두 전기를 먹고 움직입니다. 연산이 문명의 신경망이라면, 전력은 그 신경망을 살아 있게 하는 생명력입니다.

그래서 **앞으로의 경제를 이해하기 위해서는 단순한 화폐 경제를 넘어, 와트 기반 경제를 이해해야 합니다.** 산업혁명은 언제나 에너지의 전환에서 시작되었습니다. 증기기관은 석탄을 기반으로 성장했고, 전기 산업은 발전소를 기반으로 성장했으며, 디지털 산업 역시 거대한 전력망 위에서 확장되었습니다. 지금의 인공지능 시대도 결국 같은 질문 위에 서 있습니다. 누가 더 많은 데이터를 가지고 있는가를 넘어, 누가 더 안정적으로 전력을 확보하고 있는가의 문제입니다.

그런데 우주에서는 상황이 조금 달라질 수 있습니다. 우주는 대기가 없기 때문에 태양 에너지를 더 직접적으로 받을 수 있고, 무엇보다 극저온에 가까운 환경을 가지고 있습니다. 물론 우주가 자동으로 거대한 냉장고가 되는 것은 아닙니다. 장비는 여전히 열을 내고, 그 열을 복사 형태로 방출해야 하며, 방사선과 우주 먼지, 유지보수와 같은 새로운 문제도 존재합니다. 그럼에도 방향은 분명합니다. 지상에서는 냉각이 비용이지만, 우주에서는 냉각이 기회가 될 수 있습니다. 데이터센터 운영비의 상당 부분이 냉각에서 발생한다는 점을 생각하면, 이 차이는 매우 큰 의미를 가질 수 있습니다. 그래서 AI 시대의 데이터센터는 언젠가 지구 밖으로 확장될 가능성을 품고 있습니다.

오늘날 데이터센터 경쟁의 중심에는 거대한 기술 기업들이 서 있습니다. 그러나 여기서 한 가지 이름은 조금 다르게 보아야 합니다. 구글은 단순한 검색 기업이 아니라, 거대한 데이터와 연산을 자기 플랫폼 안에서 흡수하고 다시 인공지능으로 되돌리는 구조를 가진 기업입니다. 반면 테슬라는 전통적인 자동차 회사로만 보면 이 흐름을 제대로 읽기 어렵습니다. 테슬라는 자동차를 만드는 기업인 동시에, 자율주행 데이터와 피지컬 AI, 로봇, 에너지 저장 시스템과 초대형 연산 수요를 함께 끌고 가는 존재로 보아야 합니다. 다시 말해 테슬라라는 이름은 자동차 제조업의 이름이 아니라, 이동과 에너지, 피지컬 AI가 하나의 시스템 안에서 다시 통합되는 방향을 상징하는 이름에 더 가깝습니다.

이제 데이터센터는 단순한 클라우드 저장소가 아닙니다. 그것은 AI 연산 인프라입니다. 그리고 AI를 직접 진화시키는 기업이 더 강한 위치에 서게 되는 구조가 이미 만들어지고 있습니다. 구글은 자기 연산 구조와 모델 생태계 안에서 그 힘을 키워 가고 있고, 테슬라는 자율주행과 로봇, 에너지 인프라를 연결하는 다른 방향의 연산 구조를 밀어붙이고 있습니다. 그리고 이 구조 안에서 우주라는 공간이 등장합니다. 우주 데이터센터를 실제로 구축하려면 가장 중요한 조건이 하나 있습니다. 바로 발사 비용입니다. 발사 비용이 급격히 낮아지면 태양광 패널을 대규모로 궤도에 배치할 수 있고, 그 위에서 만들어지는 것은 단순한 데이터센터 하나가 아닙니다. 궤도 전체를 연산 인프라로 바꾸는 구조입니다.

그 순간 지구에서는 로봇이 데이터를 모으고, 위성은 지구를 관측하며 데이터를 쌓고, 우주 데이터센터는 그 데이터를 학습합니다. 연산은 다시 로봇과 센서로 내려오고, 데이터는 다시 모이며, 재학습은 반복됩니다. 연산에서 로봇으로, 로봇에서 데이터로, 데이터에서 재학습으로, 다시 확장으로 이어지는 순환이 멈추지 않게 됩니다. 그렇게 되면 AI는 단순한 프로그램이 아니라, 행성과 궤도를 연결하는 학습 네트워크가 됩니다.

이제 데이터센터는 더 이상 단순한 서버 건물이 아닙니다. AI 시대의 데이터센터는 하나의 공장입니다. 과거의 데이터센터가 데이터를 저장하고 처리하는 장소였다면, 이제의 데이터센터는 토큰을 생산하는 공장으로 바뀌고 있습니다. AI 모델은 질문을 받으면 토큰을 생성합니다. 문장을 만들고, 코드를 만들고, 이미지를 만들고, 설계를 만들고, 판단을 만듭니다. 결국 AI 시대의 생산물은 석유나 철강이 아니라 토큰의 흐름입니다. 그래서 앞으로 기업의 경쟁력은 얼마나 많은 데이터를 갖고 있느냐만으로 측정되지 않을 가능성이 큽니다. 오히려 얼마나 많은 토큰을 생산할 수 있는가, 얼마나 많은 연산 능력을 안정적으로 확보하고 있는가가 더 중요한 기준이 될 수 있습니다.

그래서 AI 데이터센터는 단순한 서버 건물이 아닙니다. 그것은 전기를 먹고, 연산을 돌리고, 토큰을 생산하는 새로운 형태의 산업 공장입니다. 그리고 이 공장은 점점 더 커지고 있습니다. 지상의 데이터센터에서 시작된 AI 공장은 앞으로 궤도 데이터센터로 확장될 가능성까지 품고 있습니다. 태양 에너지를 직접 받고, 극저온 환경에서 냉각의 기회를 활용하며, 지구와 우주를 연결하는 연산 네트워크로 진화할 수도 있습니다.

결국 문명이 규칙을 갈아엎는 시간은 언제나 같은 얼굴로 오지 않습니다. 처음에는 기술처럼 보이고, 그다음에는 산업처럼 보이며, 마지막에는 삶의 질서 전체를 바꿔 놓습니다. 그리고 그 변화는 늘 눈앞의 편리함보다 더 깊은 곳에서 시작됩니다. 연산의 방식이 바뀌고, 에너지의 배치가 바뀌고, 공간의 의미가 바뀌는 곳에서부터 말입니다. 구글은 연산의 구조가 플랫폼 안에서 어떻게 응축되는지를 보여 주고, 아이온큐는 계산 방식 자체가 바뀌는 문턱을 보여 주며, 크리스퍼 테라퓨틱스는 생명의 해석 방식이 다시 쓰이는 가능성을 드러내고, 테슬라는 이동과 에너지와 피지컬 AI가 하나의 시스템으로 통합되는 방향을 상징합니다. 우리가 지금 서 있는 자리는 바로 그 재배치의 초입입니다. 기술을 구경하는 자리에서 멈출 것인지, 아니면 문명의 이동 방향을 읽고 그 구조 안에 나의 시간을 올려둘 것인지, 이제 질문은 그 자리까지 와 있습니다.

부자 엄마를 위한 미래 산업 기업 지도(장기 & 초장기)

● 피지컬 AI·에너지·이동 통합 축

★ 테슬라(Tesla)

"자동차 회사를 넘어, 움직이는 AI와 에너지 시스템을 한꺼번에 묶으려는 회사"입니다. Tesla는 공식적으로 자사의 방향을 AI & Robotics, 자율주행, 휴모노이드 로봇의 대표 기업입니다. 우주 데이터 센터와 달시티, 화성 이주를 위해 도전하는 미래 기업입니다.

● 우주 인프라

★ SpaceX(스페이스X)

로켓 회사이지만, 더 정확히는 지구와 우주를 잇는 길을 여는 회사입니다. "우주로 가는 물류회사"입니다.

Starship 같은 재사용 발사체의 목표는 발사 비용을 낮춰 더 많은 장비와 구조물을 궤도에 올리는 것이고, 이 흐름이 커지면 위성망, 우주 인프라, 나아가 궤도 데이터센터 같은 상상도 현실 쪽으로 이동할 수 있습니다. SpaceX는 공식적으로 Starship을 핵심 차세대

발사체로 내세우고 있고, Reuters는 SpaceX가 태양광 기반 궤도 데이터센터 구상을 FCC*(미 연방통신위원회)*에 제시했다고 전했습니다.

● 초대형 AI 연산·토큰 공장

★ xAI(엑스에이아이)

인공지능 회사이지만, 더 정확히는 거대한 계산 공장을 짓는 회사입니다. "AI를 키우는 초대형 연산 공장 운영자"입니다.

xAI는 공식적으로 Grok을 만들고 있고, 자사 Colossus를 "세계 최대 규모의 AI 슈퍼컴퓨터"라고 설명하며 20만 GPU 규모까지 확장했다고 밝혔습니다. Reuters도 xAI가 Memphis와 Southaven 일대에서 Colossus와 추가 데이더센터를 키우며 AI 컴퓨트 파워를 대규모로 확장하고 있다고 전했습니다.

SpaceX가 우주로 가는 길을 연다면, xAI는 그 길 위에 올릴 AI 연산 수요와 데이터센터의 미래를 상징합니다. 그래서 이 두 기업 이름은 각각 로켓 회사와 AI 회사로만 보기보다, 지구와 우주를 연결하는 연산 네트워크의 양쪽 끝을 보여 주는 이름으로 읽는 편이 더 정확합니다.

★ ICON

달과 화성에서도 현지 재료로 구조물을 짓는 3D 프린팅 건설 기술 흐름의 대표 이름. "우주에서도 집과 길을 바로 지으려는 회사"입니다. NASA는 ICON과 함께 달 표면의 인프라 건설 기술을 발전시키고 있습니다.

● 양자컴퓨팅

★ 구글(Google)

초전도 방식 양자컴퓨팅의 대표 축. "지금 컴퓨터로는 너무 오래 걸리는 문제를, 완전히 다른 계산 방식으로 풀어보려는 회사"입니다. 구글은 Willow 칩이 대규모 유용한 양자컴퓨터로 가는 길을 열려고 하고 있습니다.

★ 아이온큐(IonQ)

이온 트랩 방식 양자컴퓨팅의 대표 기업. "양자컴퓨터를 연구실 안이 아니라 실제 산업 도구로 끌어오려는 회사"입니다. IonQ는 자사 기술을 물류, 신약개발, 보안 등 실제 문제 해결에 앞서나가고 있습니다.

기술 혁신의 변화의 물결 위에 올라타야 생존 할 수 있다.

우리는 이제 초장기 미래까지 걸어왔습니다. 문명의 지형이 어떻게 바뀌는지 보았고, 에너지와 연산이 어디로 이동하는지 따라갔으며, 자본이 어디에 응축되는지 읽어냈습니다. 철강에서 전기로, 전기에서 인터넷으로, 인터넷에서 인공지능으로 이어지는 흐름 속에서 우리는 산업의 진보 구조를 보았습니다. 그리고 그 구조 위에 다시 우주와 생명, 데이터와 전력이 엎히는 거대한 전환의 흐름까지 내다보았습니다.

머리로는 분명히 이해했습니다. 이론도 알았습니다. 방향도 보입니다. 자본은 새로운 혁신 기술의 연결을 장악한 곳으로 이동하고, 그 기반이 두꺼워지는 곳에 응축됩니다. 우리는 주식의 가격을 본 것이 아니라 기술 진보의 구조적 위치를 보았습니다. 우리는 등락을 본 것이 아니라 산업과 산업을 관통하는 축을 보았습니다.

그런데도 마음은 여전히 흔들립니다. 이 거대한 지도를 손에 쥐고 있는 이 순간에도 불안은 쉽게 사라지지 않습니다. 장기 투자의 방향성은 이해했는데도 하루의 급락은 심장을 가만두지 않습니다. 산업의 방향은 아무 변화 없이 그대로인데, 계좌의 숫자는 빨갛게 파랗게 물들며 감정을 먼저 흔듭니다. 우리는 구조를 이해했는데도 감정은 여전히 가격을 따라 움직입니다. 그래서 다시 묻게 됩니다. 왜 우리는 알고도 흔들릴까요?

주식시장은 본질적으로 우리를 흔들도록 설계되어 있습니다. 시장은 계산기의 공간이 아니라 감정의 집합입니다. 수백만 명의 기대와 두려움이 실시간으로 부딪히는 공간입니다. 누군가의 매도는 다른 누군가의 매수가 되고, 누군가의 공포는 또 다른 누군가의 탐욕이 됩니다. 가격은 기업의 본질 가치만으로 움직이지 않습니다. 불안과 탐욕, 뉴스의 해석, 금리의 방향, 지정학적 긴장, 레버리지 청산, 알고리즘 매매가 동시에 가격을 밀고 당깁니다. 그래서 기업의 구조는 하나도 바뀌지 않았는데도 주가는 크게 흔들립니다. 공장은 그대로인데 주가는 반 토막이 나고, 산업의 수요는 유지되는데도 지수는 공포에 휩싸입니다. 바로 이 간극이 우리의 심장을 자극합니다.

인간의 감정은 본래 손실에 더 민감하게 반응하도록 설계되어 있습니다. 같은 금액이라도 얻는 기쁨보다 잃는 고통을 훨씬 크게 느낍니다. 그래서 수익이 났을 때는 빨리 확정하고 싶어지고, 손실이 났을 때는 인정하기 싫어 더 오래 붙잡게 됩니다. 이것은 의지가 약해서가 아닙니다. 뇌가 그렇게 반응하도록 만들어져 있기 때문입니다. 생존을 위해 진화한 본능이 투자 환경에서는 오히려 판단을 왜곡시킵니다. 본능은 우리를 살리기 위해 존재했지만, 시장에서는 그 본능이 우리를 서두르게 만듭니다.

겁이 날수록 계좌를 더 자주 들여다보게 되고, 더 자주 볼수록 겁은 더 커집니다. 10년을 보고 들어온 자산도 10분의 등락을 반복해서 보다 보면 매번 손실처럼 느껴집니다. 장기 투자의 초심은 길게 잡아 놓았는데, 감정은 짧고 빠르게 반응합니다. 바로 이 시간의 불일치가 우리를 지치게 만듭니다. 그래서 문제는 주가의 변동성 자체가 아니라, 긴 시간 위에 올려둔 판단이 짧은 감각에 의해 무너지는 순간입니다.

가격이 떨어질 때 가장 위험한 순간은 손실이 커지는 순간이 아닙니다. 그 손실이 어느새 '나'와 연결되는 순간입니다. "나는 또 틀렸어."라는 생각이 붙는 순간, 우리는 구조를 보던 사람이 아니라 평가받는 사람으로 바뀌어 버립니다. 투자 판단의 문제가 자존감의 문제로 전환되는 순간입니다. 그때부터 투자는 자산 관리가 아니라 감정 방어를 위한 행동이 됩니다. 손실은 숫자였는데 어느새 존재의 가치가 됩니다. 바로 그 전환이 가장 위험합니다. 돈은 다시 벌 수 있지만, 스스로에 대한 확신이 무너지면 방향감각 자체를 잃게 됩니다.

그렇다면 흔들리지 않아야 할까요? 아닙니다. 인간이 흔들리지 않는 것은 불가능합니다. 우리가 해야 할 일은 흔들림을 없애는 것이 아니라, 흔들림을 예상하는 것입니다. 시장은 앞으로도 과열될 것이고, 다시 과도하게 위축될 것입니다. 탐욕은 반복되고 공포도 반복됩니다. 이 극단은 비정상이 아니라 정상적인 순환입니다. 계절에 겨울이 있고 봄이 오고, 여름이 지나 다시 가을이 오는 것처럼 말입니다. 변동성은 투자자에게 주어지는 벌이 아니라, 장기 수익을 얻기 위해 감당해야 하는 입장료에 가깝습니다. 흔들림이 없다면 장기 수익도 존재하기 어렵습니다. 이 사실을 받아들이는 순간 급락은 세상의 종말이 아니라 순환 주기의 일부가 됩니다.

우리가 두려워해야 할 것은 하락 그 자체가 아니라 기준의 붕괴입니다. 구조를 보고 들어왔는데 가격이 흔들린다고 기준을 바꾸는 순간, 우리는 가장 먼저 스스로의 확신을 배신하게 됩니다. 그래서 우리는 1부에서 감정을 이해했고, 2부에서 구조를 배웠으며, 3부에서 자본의 응축을 읽어온 것입니다. 내부와 외부의 환경 변화로 가격이 위아래로 요동칠 때, 내가 투자한 구조는 여전히 같은가를 스스로에게 묻기 위해서였습니다. 시장은 속도로 움직이지만 구조는 방향으로 움직입니다. 속도에 반응하면 방향을 잃고, 방향을 붙잡으면 속도는 견딜 수 있습니다.

　그래서 우리는 다시 스스로에게 물어야 합니다. 나는 왜 이 산업을 선택했는가? 나는 어느 시간대를 보고 있는가? 이 기업은 구조의 중심에 서 있는가? 이 질문에 답할 수 있다면 가격은 우리를 흔들 수는 있어도 무너뜨리지는 못합니다. 확신은 수익률에서 오지 않습니다. 깊은 공부와 여러 해의 경험, 축적된 이해에서 옵니다. 이해는 시간을 버티게 하고, 시간은 결국 수익으로 보상합니다.

　그리고 우리는 이미 미래를 여행해 보았습니다. 4차 산업과 5차 산업은 단순한 유행이 아니었습니다. 연산을 거머쥔 기업, 전력을 확보한 기업, 데이터센터를 확장하는 기업, 인공지능을 진화시키는 기업, 우주 물류를 장악하려는 기업. 이 기업들이 산업의 축을 만들고 미래를 앞으로 끌고 가고 있습니다. 마이크로소프트와 구글, 아마존과 메타, 그리고 연산과 로봇, 우주를 동시에 묶으려는 테슬라. 그 위에 태양광과 에너지 저장, 그리고 궤도 인프라까지 얹히는 구조입니다. 우리는 가격을 본 것이 아니라 연산과 에너지의 축을 내려다본 것입니다. 축을 본 사람은 파도를 두려워하지 않습니다.

　우리는 노동으로만 생존하는 구조에서 산업 기반 위에 자본을 올려두는 구조로 이동하고 있습니다. 고도화된 인공지능과 휴머노이드가 노동을 대체하고, 지식 노동마저 자동화될 가능성이 커지는 시대에, 인간이 설 수 있는 자리는 결국 연산과 전력을 통제하는 기업 위의 자본층일 수밖에 없습니다. 이것이 5차 산업의 본질입니다. 이것은 두려움을 조장하는 선언이 아니라 구조적 진단입니다.

이제 더 깊은 이야기를 해야 합니다. 양자컴퓨팅은 단순한 계산 속도의 문제가 아닙니다. 아이온큐와 마이크로소프트, 구글이 밀어붙이는 것은 현실의 계산 한계를 넘어서는 시도입니다. 양자 연산이 상용화되면 신약 개발과 소재 과학, 암호 해독과 기후 모델링, 그리고 유전자 편집의 정밀도는 지금과 비교할 수 없을 만큼 달라질 수 있습니다. 크리스퍼 기반 유전자 편집 기술은 이미 질병을 교정하는 단계에 들어서고 있습니다. 그리고 양자 계산이 생명 데이터를 본격적으로 분석하는 순간, 인류는 단순한 수명 연장을 넘어 죽음과의 구조적 협상에 들어가게 될지도 모릅니다. 질병은 확률이 되고, 노화는 계산의 대상이 되며, 생명은 설계의 영역으로 이동합니다. 우리는 지금 생존을 관리하던 종에서 생명을 설계하려는 종으로 건너가고 있습니다.

우주는 확장되고, 연산은 궤도로 이동하며, 생명은 재설계되고 있습니다. 이것이 우리가 보고 있는 5차 산업의 절정입니다. 이것은 공상이나 낙관이 아니라 이미 진행 중인 흐름입니다. 다만 속도가 다를 뿐입니다. 그렇다면 우리는 무엇을 해야 할까요. 양자와 인공지능, 우주와 유전자 편집의 구조를 이해했다면, 최소한 그 흐름 위에 자본을 올려두어야 합니다. 아이온큐와 마이크로소프트, 구글 같은 양자·AI 선도 기업을 전혀 보지 않는다면 리스크는 오히려 뒤처지는 데서 생길 수 있습니다.

물론 개별 기업이 부담스러울 수 있습니다. 그렇다면 나스닥100은 최소한의 선택이 될 수 있습니다. 그것마저 어렵다면 S&P 500은 문명의 평균 위에 서는 마지막 안전선이 될 수 있습니다. 이것이 바로 부자 엄마에게 제안하는 마지막 노선입니다. 선택은 엄마들의 몫입니다. 그러나 최소한 양자의 가능성을 보고, 유전자 편집의 미래를 보고, 달과 화성의 도시를 상상해 보고, AI 데이터센터의 심장을 이해한 뒤에 결정하셔야 합니다.

그리고 언젠가 아이가 묻게 될지도 모릅니다. "엄마, 왜 그때 그 선택을 했어?" "어떻게 그렇게 버티고 기다릴 수 있었어?" 그 질문 앞에서 우리는 이렇게 대답할 수 있을 것입니다. "엄마는 겁이 나서 멈춘 것이 아니란다. 이해했기 때문에, 그리고 확신이 있었기 때문에 기다린 것이란다."

그 순간 우리는 알게 됩니다. 부자가 된 것이 아니라, 작아지지 않는 사람이 되었다는 것을. 그리고 그 모든 시작은 한 번의 매수가 아니라, 흔들려도 내가 세운 기준을 지키겠다는 결심이었다는 것을. 가격이 아니라 기반을 붙잡는 순간, 우리는 시장의 파도 위가 아니라 문명의 축 위에 서게 됩니다.

인공지능과 인류가 함께 진화하는 시대가 다가오고 있습니다. 이제 세상의 거의 모든 것들이 서로 연결되고, 결국 연산됩니다. 도시도, 산업도, 생명도, 우리의 선택까지 데이터의 흐름 속에서 계산되고 해석되는 시대가 열리고 있습니다. 그 거대한 변화 속에서 우리가 서 있는 환경 역시 결국 인공지능과 데이터가 만들어내는 거대한 물결 위에 놓이게 됩니다. 문제는 그 물결을 막을 수 있느냐가 아닙니다. 그것은 이미 시작된 흐름이기 때문입니다.

우리가 할 수 있는 선택은 단 하나입니다. 그 물결 위에 올라탈 것인가, 아니면 그 물결 속에서 방향을 잃을 것인가? 인공지능과 데이터의 파도는 앞으로 점점 더 거세질 것입니다. 그 흐름을 이해하고 올라탄 사람에게 그것은 기회가 되겠지만, 그 흐름을 외면한 사람에게는 감당하기 어려운 쓰나미가 될 수도 있습니다.

그래서 결국 질문은 하나로 귀결됩니다. 그 변화의 물결 위에 올라탈 것인가 아니면 그 물결 앞에서 멈춰 설 것인가? 그리고 그 선택

은 언젠가 우리의 아이들이 묻게 될 질문이 될지도 모릅니다. "엄마, 그 변화가 시작되던 순간에 엄마는 어떤 선택을 했어?"

그때 우리는 조용히 대답할 수 있을 것입니다.

"응, 엄만 말이야. 가격을 쫓지 않았단다. 단지 문명이 어디로 가는지를 보고 기다렸을 뿐이란다."

당신은 멈춘 적이 없습니다

이제 이 책의 마지막 장에 다다랐습니다. 마지막이라고 쓰고 있지만, 어쩌면 이것은 끝맺음이 아니라 조용한 복귀의 문장에 더 가까울지도 모르겠습니다. 왜냐하면 이 책이 처음부터 끝까지 말하고자 했던 것은 돈의 기술이 아니라, 오랫동안 뒤로 밀려나 있던 당신의 자리를 다시 앞으로 데려오는 일이었기 때문입니다. 그래서 이 마지막 페이지에서 제가 가장 먼저 드리고 싶은 말은 이것입니다. 당신은 멈춘 적이 없었습니다. 세상이 당신을 그렇게 불렀을 뿐입니다. 경력이 단절되었다고, 흐름이 끊겼다고, 잠시 멀어졌다고 말했을 뿐입니다. 그러나 삶은 결코 그렇게 단순하게 끊어지지 않습니다. 이름표는 떨어질 수 있어도 존재의 연속성은 끊어지지 않습니다. 당신은 쉬지 않았고, 멈추지 않았고, 여전히 수많은 선택과 책임과 돌봄 속에서 가장 치열한 형태의 생존과 운영을 해오고 있었습니다.

아이의 시간을 관리하고, 가족의 감정을 조율하고, 식탁의 균형을 맞추고, 예기치 않은 지출을 감당하며, 보이지 않는 균열을 미리 메우는 일은 결코 작은 일이 아니었습니다. 다만 그것은 너무 오랫동안 당연한 일처럼 여겨졌고, 그래서 가치의 언어로 번역되지 않았을 뿐입니다. 세상은 월급이 찍히는 노동에는 이름을 붙여 주었지만, 하루를 무너지지 않게 붙들어 온 당신의 노동에는 너무 오랫동안 침묵했습니다. 그러나 침묵이 가치를 지우는 것은 아닙니다. 다만 그 가치를 스스로 잊게 만들 뿐입니다. 이 책은 그 침묵을 깨기 위해 쓰였습니다. 당신이 몰랐던 능력을 새로 만들어 주기 위해서가 아니라, 이미 오래전부터 가지고 있었지만 경제의 언어로 불리지 못했던 힘을 다시 보게 하기 위해서였습니다.

제1부에서 우리는 먼저 마음을 들여다보았습니다. 왜 돈 앞에서 작아졌는지, 왜 알고도 뒤로 물러섰는지, 왜 선택의 자리가 낯설어졌는지를 함께 살펴보았습니다. 그 여정은 결코 당신의 부족함을 증명하는 과정이 아니었습니다. 오히려 반대였습니다. 너무 많은 것을 감당했기 때문에, 너무 오랫동안 나보다 타인을 먼저 놓는 선택을 반복했기 때문에 생긴 구조를 이해하는 시간이었습니다. 당신의 불안은 무능의 증거가 아니라, 통제권이 빠져나간 자리를 알리는 신호였습니다. 당신의 회피는 게으름이 아니라, 과잉 책임의 그림자였습

니다. 그리고 그 사실을 이해하는 순간, 우리는 비로소 자신을 탓하던 자리에서 한 발 물러설 수 있었습니다.

제2부에서는 돈의 구조를 다시 보았습니다. 돈은 도덕의 문제가 아니라 구조의 문제였고, 성실함만으로는 건너가기 어려운 전장의 언어를 가지고 있었습니다. 우리는 예금과 이자, 물가 상승과 기회비용, 연금과 세제, 금융상품의 시간표를 함께 살펴보았습니다. 그 과정에서 가장 중요했던 것은 "무엇이 정답인가?"가 아니라, "무엇이 지금의 나에게 맞는가?"를 묻는 기준이었습니다. 좋은 상품과 나쁜 상품을 가르는 일이 아니라, 내 삶의 시간과 목적과 감정의 결에 맞는 구조를 찾는 일이 더 중요하다는 사실을 배웠습니다. 돈은 결국 삶의 바깥에 있는 것이 아니라 삶의 안쪽에 놓이는 것이므로, 금융의 선택은 언제나 인생의 태도와 닮아 있을 수밖에 없습니다. 그 사실을 깨닫는 순간 우리는 더 이상 남의 정답을 쫓지 않고, 나의 기준을 세우기 시작할 수 있게 됩니다.

제3부에서는 시야를 더 멀리 두었습니다. 우리는 왜 주식을 해야 하는가를 넘어, 자본이 왜 특정 구조로 응축되고 있는지, 산업혁명이 어떻게 인간의 자리와 문명의 지형을 바꾸어 왔는지, 그리고 앞으로의 초장기 미래에서 연산과 에너지, 데이터와 생명, 우주와 플랫폼이 어떻게 새로운 질서를 만들 것인지를 함께 보았습니다. 이것은 단지 멀리 있는 기술의 이야기가 아니었습니다. 경력 단절된 엄마에게 왜 이 거대한 흐름이 중요한가를 묻는 질문이기도 했습니다.

왜냐하면 노동만으로는 끝까지 버티기 어려운 시대가 오고 있고, 지식마저 자동화의 영역 안으로 들어가고 있으며, 앞으로의 선택권은 점점 더 자산 구조 위에서 갈릴 가능성이 커지고 있기 때문입니다. 다시 말해, 이 책이 주식과 산업, 기술과 자본을 말한 이유는 더 욕심내라고 말하기 위해서가 아니라, 당신이 시대의 구조 밖으로 밀려나지 않게 하기 위해서였습니다.

그래서 이제 마지막으로 분명히 말씀드리고 싶습니다. 당신이 다시 경제를 공부하는 이유는 남보다 더 많이 벌기 위해서만은 아닙니다. 당신이 자본의 흐름을 이해하고, 돈의 구조를 배우고, 산업의 방향을 읽어야 하는 이유는 언젠가 삶의 중요한 순간 앞에서 "어쩔 수 없었다"는 말 대신 "내가 결정했다"라고 말할 수 있기 위해서입니다. 그 한 문장이 가능해지기 위해 우리는 이 긴 책을 함께 걸어왔습니다. 사랑하는 사람의 치료를 앞두고도, 아이의 꿈을 응원하는 순간에도, 내 삶의 마지막 절반을 다시 설계하는 자리에서도, 돈 때문에 고개를 숙이지 않기 위해서 말입니다. 부란 결국 사치의 이름이 아니라, 선택을 포기하지 않아도 되는 힘에 더 가깝습니다.

경력이 단절되었다는 말 속에는 늘 어떤 상실의 냄새가 배어 있습니다. 뒤처진 것 같고, 다시 가기엔 늦은 것 같고, 세상은 이미 너무 멀리 앞서 가버린 것처럼 느껴지게 만드는 문장입니다. 그러나 저는 오히려 이렇게 말하고 싶습니다. 당신은 뒤처진 것이 아니라, 너무 오랫동안 자신을 마지막에 두고 있었을 뿐입니다. 다시 경제를 배우는 일은 늦은 출발이 아니라, 본래 있어야 할 자리로 돌아오는 일입니다. 당신은 초보가 아닙니다. 당신은 이미 수많은 현실을 통과해 온 사람입니다. 다만 이제 그 현실 감각을 돈의 언어로 번역하기 시작한 것뿐입니다. 그 번역이 시작되는 순간부터 당신은 더 이상 보호받아야만 하는 존재가 아니라, 판단하고 선택하고 배치할 수 있는 존재로 이동하게 됩니다.

앞으로도 시장은 흔들릴 것입니다. 뉴스는 과장될 것이고, 사람들은 유행을 말할 것이며, 어떤 날은 두려움이 또렷하게 심장을 두드릴 것입니다. 그럴 때마다 이 책의 처음으로 다시 돌아가셨으면 합니다. 당신의 불안은 잘못이 아니라 신호였다는 것, 돈은 이름이 아니라 구조로 보아야 한다는 것, 자본은 결국 기술과 산업의 연결 위에 응축된다는 것, 그리고 무엇보다 중요한 것은 남의 확신이 아니라 나의 기준이라는 사실을 말입니다. 그 기준만 붙잡고 있다면 흔들릴 수는 있어도 무너지지는 않을 것입니다.

어쩌면 진짜 에필로그는 지금 이 글을 덮는 당신의 표정 속에 이미 시작되고 있을지도 모릅니다. 예전처럼 “나는 잘 몰라요.”라고 말하기 전에, 한 번쯤 더 묻게 되는 마음. 누군가 정해준 길을 따라가기보다 지금의 내 시간과 내 구조를 먼저 생각해 보게 되는 태도. 소비의 자리에서만 살던 사람이 아니라, 배치와 설계의 자리로 조금씩 이동하는 시선. 그것이면 충분합니다. 거대한 성공은 늘 거대한 결심에서만 시작되는 것이 아닙니다. 조용하지만 분명한 태도의 전환에서 시작됩니다. 오늘의 당신이 내일의 자산 구조를 만들고, 내일의 자산 구조가 십 년 뒤의 존엄을 지킬 것입니다.

이 책은 당신에게 완벽한 답을 주지 못했을지도 모릅니다. 그러나 적어도 한 가지는 분명히 남기고 싶었습니다. 당신은 더 이상 경제 앞에서 작아져야 할 사람이 아니라는 사실입니다. 당신은 누군가의 보호 아래서만 살아야 하는 존재가 아니라, 스스로 배우고 판단하고 다시 올라설 수 있는 존재라는 사실입니다. 그리고 그 힘은 밖에서 새로 주어지는 것이 아니라, 이미 당신 안에 오래전부터 쌓여 있었다는 사실입니다.

그러니 이제 너무 오래 미루어 두었던 그 자리에 다시 앉으셨으면 합니다. 통장 앞에도, 연금 앞에도, 투자 앞에도, 그리고 무엇보다 자기 삶의 선택 앞에도 다시 앉으셨으면 합니다. 오늘 시작한 작은 공부가 언젠가 당신의 노후를 지키고, 당신의 존엄을 지키고, 당신 아이의 질문 앞에서 흔들리지 않는 대답이 되어 줄 것입니다.

마지막으로, 이 말을 남기고 싶습니다.

당신은 경력이 끊긴 사람이 아니라,

이제 자기 이름으로 다시 연결되기 시작한 사람입니다.